NIKKEI BUNKO 日経文庫

チームリーダー
の英語表現

デイビッド・セイン

日本経済新聞出版

はじめに

　本書はチームやプロジェクトを率いるリーダーやマネジャーが、英語で効率よく業務をおこなうために必要となる表現をまとめたものです。TPO に合わせて適切に使い分けられるように、カジュアルな言いまわしからフォーマルな表現まで 400 もの必須フレーズを収載してあります。
　また、本書は〈ジャンル別の例文＋解説〉というシンプルで分かりやすいスタイルの構成となっていますので、忙しいリーダーの皆さんは、いつでも必要な表現を素早く参照できます。
　チームリーダーには、メンバーへの指示や命令などといった業務そのものに関する役割に加え、メンバーのモチベーションを高め、チームを 1 つにまとめて目標を達成する上での、多様な役割が期待されています。最近では、職場にさまざまな国籍の人たちが仲間として加わることも当たり前になり、「グローバル化」への対応もリーダーの重要な役割の 1 つと言えます。
　本書の内容および構成は次の通りです。第 1 章「基本のコミュニケーション」は、挨拶や簡単な指示といった基本的なやりとりに焦点を当てています。
　第 2 章「業務を進めるための表現」では、いわゆる「報・連・相」をベースに、円滑に業務を進めていく上で役に立つ表現をまとめました。第 3 章「チーム・マネジメントのための表現」はチームをまとめ上げていくためのフレーズ、第 4 章「『アドバイザー』とし

ての表現」ではメンバーに効果的に助言を与える際に必要な表現を集めています。

　メンバーのやる気を引き出すには、まずほめることが必要です。ときには気合いを入れたり元気づけたりすることも大切です。第5章「メンバーをほめて伸ばすための表現」、第6章「モチベーションを高めるための表現」には、そのような表現をまとめました。

　メンバーの間違いを指摘したり、あるいは反省を促したりすることもリーダーの大切な役割です。第7章「指導するための表現」は、メンバーに「教育的指導」をする上でのヒントとなるでしょう。

　第8章「人間関係を円滑にするための表現」は、メンバーとの関係、メンバー同士の人間関係を良好に保つために必要です。ビジネスライクなだけでは、メンバーの本音を知ることはできません。素直にこちらの非を詫びたり、フレンドリーに話しかけたりして、打ち解けた関係の構築を目指しましょう。

　最後の第9章は、「ケーススタディ」です。リーダーとメンバーのリアルな会話を再現しています。実際のコミュニケーションの場で、大いにご参考いただけるものと自負しております。

　本書を活用され、1人でも多くのリーダーが、自信を持ってチームを引っ張っていけるようになることを望んでやみません。

　2010年9月

　　　　　　　　　　　　　　　デイビッド・セイン

目　次

はじめに　3

第1章
基本のコミュニケーション　15

1. 挨拶する ……………………………………………… 16
   出社時の挨拶／親しみをこめた挨拶／帰り際の挨拶

2. 声をかける …………………………………………… 18
   朝の挨拶の後に／外出するメンバーに／帰社した部下に／自分の居場所を教える

3. 仕事の調子を尋ねる ………………………………… 20
   進行具合を尋ねる／問題がないか尋ねる／仕事に慣れたか尋ねる

4. 体調を気遣う ………………………………………… 22
   体調を確認する／メンバーの体調に気を配る／体調を考慮する

5. メンタルヘルスに注意する ………………………… 24
   気楽に構えさせる／悩みの有無を聞く／仕事の心配を取り除く

6. やり方などを教える ………………………………… 26
   分からないことがないか尋ねる／コツを教える／例を示して教える

7. 指示を与える ………………………………………… 28
   割り振りを指示する／仕事を指示する／締め切りを指示する

8. 依頼する ……………………………………………… 30

簡単な仕事を頼む／面倒な仕事を頼む／「いつでもいいので…」

9. 質問する ·················· 32
知っているかどうか尋ねる／情報を提供してもらう／意向を尋ねる

Column 1 やる気を引き出す短い一言 ·················· 34

第2章
業務を進めるための表現 37

1. 確認する ·················· 38
進捗状況を確認する／日程を確認する／注意事項を確認する

2. 報告を促す ·················· 40
報告を命じる／報告の必要性を訴える／報告をまとめさせる

3. 事実に基づく話をさせる ·················· 42
単なる推測であることを指摘する／事実を把握させる／情報のソースを明確にさせる

4. 分かりやすく説明させる ·················· 44
分かりにくいことを指摘する／分からない点を指摘する

5. 連絡を促す ·················· 46
連絡を命じる／連絡の期日を伝える／連絡を催促する

6. 連絡に対応する ·················· 48
連絡に応じる／連絡内容をまとめる／労（ねぎら）いの言葉をかける

7. 相談を促す ·················· 50

目次

相談するように促す／相談を受ける姿勢を示す／相談の必要があるか尋ねる

8. 相談に対してアドバイスする ················· 52
可能性や別の考え方を示す／対応策を提示する／適任者を紹介する

9. 期限を示す ················· 54
締め切りを示す／期限を設定する／早急にやってもらう

10. 理由・根拠を述べさせる ················· 56
理由や根拠を尋ねる／根拠の有無を尋ねる／根拠が乏しいことを指摘する

11. 招集する ················· 58
自分のところに呼び出す／緊急の呼び出しをかける／後で来てもらう

Column 2　ビジネス金言①「成功」編 ················· 60

第3章
チーム・マネジメントのための表現　63

1. 団結させる ················· 64
チームワークの大切さを説く／チームであることを意識させる／チームプレーを重んじさせる

2. 目標を示す ················· 66
チームとしての目標を提示する／目標を設定する／ビジョンを確認する

3. 提案を投げかける ················· 68
議題を提供する／提案する／参考意見を述べる

4. 議論を促す ················· 70
議論を活性化させる／話を整理する／発言を促す

5．話を本題に戻す ･････････････････････････････････････ 72
　話がそれていることを指摘する／話をそらさせない
　／本題に入る

6．意見をとりまとめる ･････････････････････････････････ 74
　総意を確認する／各自の意見を尋ねる

7．話を打ち切る ･･･････････････････････････････････････ 76
　発言を遮る／決定事項であることを告げる

8．任せる ･･･ 78
　一任する／責任を分かち合う／担当を決める

9．文化や価値観の違いに配慮する ･･･････････････････････ 80
　文化的な違いを教える／やり方の違いへの戸惑いに
　配慮する／英語の苦手なメンバーに配慮する

10．仲裁する ･･･ 82
　間に入る／前向きに考えさせる

Column 3 ビジネス金言②「責任感・自覚」編 ･････････ 84

第4章
「アドバイザー」としての表現　87

1．コツを示す ･･･ 88
　ヒントを与える／仕事のコツを教える／金言を引用
　する

2．有用な情報源を示す ･････････････････････････････････ 90
　有用な情報ソースを与える／調べ方を教える

3．いろいろな問題を示す ･･･････････････････････････････ 92
　具体的な問題点を示す／問題点に気づかせる／問題
　点を一緒に考える

4．聞く姿勢を示す ･････････････････････････････････････ 94

合いの手を打つ／話を促す／カジュアルな合いの手

5. 経験に基づいたアドバイスをする …… 96
自分の経験を話す／経験から予測する／「勘」に基づいて話す

6. 反対意見を述べる …… 98
同意できない点を示す／ソフトに反論する／反論する理由を示す

7. 忠告する …… 100
アドバイスする／諫(いさ)める／友人として忠告する

8. 説得する …… 102
背中を押す／説き伏せる／思いとどまらせる

9. 現実を直視させる …… 104
認識の甘さを指摘する／現実を認識させる／不可能であることを思い知らせる

10. 苦言を呈する …… 106
本当は言いたくないことを示す／一度ほめてから苦言を呈する／あえて苦言を呈する

Column 4 ビジネス金言③「前向きな姿勢」編 …… 108

第5章
メンバーをほめて伸ばすための表現 111

1. 仕事をほめる …… 112
仕事のやり方をほめる／仕事の成果をほめる／他者と比較する

2. 良い資質をほめる …… 114
長所を指摘する／長所を列挙する／長所と短所を同時に示す

3. 期待を表明する ……………………………… 116
   期待していることを伝える／他者が期待していることを伝える／自尊心に訴える

4. 相手を認める ………………………………… 118
   仕事の功績を認める／信頼を示す／「一人前」だと認める

5. ファッションをほめる ……………………… 120
   服装をほめる／髪形に触れる

6. 持ち物をほめる ……………………………… 122
   持ち物をほめる／持ち物に関心を示す／最新型であると指摘する

Column 5 ビジネスリーダーたちの金言 …………… 124

第6章
モチベーションを高めるための表現　125

1. 士気を高める ………………………………… 126
   鼓舞する／チームとしての団結を図る／もうひと踏ん張りさせる

2. 気合いを入れる ……………………………… 128
   奮起させる／活を入れる／本腰を入れさせる

3. 重要性を認識させる ………………………… 130
   重要であることを説明する／成長への期待を示す／自覚を促す

4. 元気づける …………………………………… 132
   なぐさめる／気にしないように言う

5. 障害を取り除く ……………………………… 134
   成功例を示す／サポート態勢を作り上げる／仕事の調整をする

目 次

6. 見返りを提示する ……………………………………… 136
交換条件を示す／査定について話す／挽回するチャンスを与える

Column 6 ビジョンステートメントの実際① ……… 138

第7章
指導するための表現　139

1. 間違いを指摘する ……………………………………… 140
間違いを注意する／複数の欠点を示す／1つだけ欠点を示す

2. 改善させる ……………………………………………… 142
改善の必要性を説く／改善を命じる／改善すべき点を述べる

3. 反省を促す ……………………………………………… 144
猛省を求める／始末書を書かせる／改心させる

4. 振り返りをさせる ……………………………………… 146
特定させる／分析させる／意味づけをさせる／応用させる

5. 注意する ………………………………………………… 148
軽く注意する／警告する／前もって注意しておく

6. 怒る・叱る ……………………………………………… 150
怒る／失望を示す／叱りつける

7. 「嫌われ役」を演じる ………………………………… 152
「悪魔の代弁者」を演じる／言いにくいことを言う

8. 詰問する ………………………………………………… 154
具体的な説明を求める／きつく問い詰める／納得いくまで問い詰める

| Column 7 | ビジョンステートメントの実際② | 156 |

第8章
人間関係を円滑にするための表現　157

1. こちらの非を認める ……………………………… 158
   自分の非を認める／素直に詫びる／部分的に非を認める

2. 礼を言う ………………………………………… 160
   簡単な礼を言う／改まって感謝の意を示す／仕事ぶりに対して感謝する

3. 休ませる ………………………………………… 162
   休憩を勧める／気分転換させる／早退を勧める

4. 休暇を取らせる ………………………………… 164
   有給休暇を取らせる／半休を取らせる／代休を取らせる

5. メンバーの愚痴を聞く ………………………… 166
   愚痴に共感する／愚痴を聞く構えを示す／飲みに誘う

6. フレンドリーな会話 …………………………… 168
   趣味について話す／共感を示す／軽口をたたく

7. リラックスさせる ……………………………… 170
   緊張をほぐす／落ち着かせる／安心させる

| Column 8 | 差別的な表現とPC表現 | 172 |

第9章
ケーススタディ　173

CASE　1：業務の依頼をする ……………………… 174

CASE　2：失敗したメンバーを叱責する ………… 178
CASE　3：大口契約を取ってきたメンバーをほめる
　　　　　　　　　　　　　　　　　　　………… 182
CASE　4：クレーム処理の相談を受ける ………… 186

1
基本のコミュニケーション

　はじめに、基本的なコミュニケーションの形を紹介します。部下のやる気を引き出すリーダーの一言は、日常生活の潤滑油である挨拶から始まります。「挨拶なんて……」などと思わずに、まずは読み進めてください。業務上、必要不可欠なフレーズもたくさん取り上げています。

　個人尊重の思想が強い英米人は、日本語ほど敬語を重視していません。日本人が英語を使う場合、意識的に「フラット」な関係を表す表現を用いたほうが、スムーズなコミュニケーションが取れます。

1. 挨拶する

❖ 出社時の挨拶

❶ How are you today?
Good morning. <u>How are you today?</u>
おはよう。調子はどうだい?

❷ How's everyone doing?
<u>How's everyone doing this morning?</u>
みんな、今朝の調子はどうかな?

❖ 親しみをこめた挨拶

❸ Anything exciting going on?
Hi, everyone. <u>Anything exciting going on?</u>
やあ、みんな。何か面白い話でもあるかい?

❹ How's it going?
Hi, <u>how's it going?</u>
調子はどう?

❺ Nice day, isn't it?
<u>Nice day, isn't it?</u>
いやあ、いい天気だね。

第1章◆基本のコミュニケーション

❖ 帰り際の挨拶

❻ See you tomorrow.
See you tomorrow.

〈明日会う予定の相手へ〉また明日ね。

❼ I'll see you next week.
I'll see you next week.

〈週明けに会う相手へ〉では、また来週。

❽ Have a nice evening.
Have a nice evening.

〈親しい相手に〉よい夜をね。

❾ Have a safe trip.
Have a safe trip back home.

〈帰りが遅くなったときなどに〉気をつけて帰ってね。

気持ちよく業務をスタートさせるには、やはり挨拶が大切。❹のようにHiを頭につけると、柔らかくなります。❸は少しだけて、ユーモラスな感じです。Is there anything exciting going on?の省略です。❽と❾のHave a...は、とてもよく使うパターン。これから飛行機に乗る人にはHave a nice flight.と言います。なお、別れ際は、シンプルなBye!やSee you.（See ya.）などですますことも多いようです。

2. 声をかける

✥ 朝の挨拶の後に

❶ Let's give it our best today.

Let's give it our best today, guys!

みんな、今日も1日頑張ろう！

❷ What are your plans for today?

Mike, what are your plans for today?

マイク、今日の予定はどうなっているの？

✥ 外出するメンバーに

❸ It's okay if you go straight home.

After going to XYZ, it's probably too much trouble to come back, so it's okay if you go straight home.

XYZ社に行って、またここまで戻ってくるのは大変だろうから、今日は直帰しても構わないよ。

✥ 帰社した部下に

❹ Welcome back.

Welcome back. You must have had a tough day.

おかえり。今日は大変だったね。

第1章◆基本のコミュニケーション

❺ How did XXX go?

How did the presentation go?

プレゼンはどうだった？

❖ 自分の居場所を教える

❻ I'll be...

I'll be in the Board Meeting for the next three hours.

これから役員会議だから、3時間ぐらい席を外すよ。

❼ If you need me, just call me on my cell phone.

I'll be out for a meeting, so if you need me, just call me on my cell phone.

打ち合わせに出かけるので、用があるときは携帯に電話してね。

---

❶の give it one's best は「最善を尽くす」「頑張る」というニュアンス。❸は It's okay if you call it a day after going to XYZ. と言うこともできます。call it a day は「今日は終わりにしてしまう」という意味です。また、❺は go を使わないなら、How was the presentation? と言えばOKです。

3. 仕事の調子を尋ねる

❖ 進行具合を尋ねる

❶ Could you tell me how XXX is going?

Could you tell me how that project is going?

例のプロジェクト、進行具合はどう？

❷ Could you give me an update on...?

Could you give me an update on the promotional campaign?

販促キャンペーンの最新状況を教えてもらえるかな？

❖ 問題がないか尋ねる

❸ So far, so good?

How's the marketing research coming along? So far, so good?

市場調査の進捗は、今のところ順調かい？

❹ Is there anything wrong?

The project seems to be running a little late. Is there anything wrong?

プロジェクトの進行が少し遅れているようだけど、何か問題でもあるのかな？

第1章◆基本のコミュニケーション

❺ Can't you speed things up a little?

Why is it taking that long? <u>Can't you speed things up a little?</u>

なんでそんなに時間がかかっているんだい？ スピードアップできるでしょ？

❖ 仕事に慣れたか尋ねる

❻ Have you gotten used to things?

You've been in this department for three months now. <u>Have you gotten used to things?</u>

君がここに来て3カ月経つけど、仕事には慣れた？

❼ Have you settled into the new job?

<u>Have you settled into the new job?</u> If there's anything I can help you with, please let me know.

新しい仕事にはもう慣れたかい？ 何か手伝えることがあったら言ってね。

---

❶は How's that project going? などよりも、より詳しい情報を求めている感じになります。❷は標記フレーズの代わりに、Please keep me updated on... もよく使います。❻や❼は、Have you found your bearings? または Have you settled in? と尋ねる場合もあります。find bearings は「自分の立場を理解する」「自分のいる場所が分かる」というニュアンスです。

21

4. 体調を気遣う

✢ 体調を確認する

❶ Are you feeling okay?

It's really hot today. Are you feeling okay? Are you suffering from the summer heat?

今日はかなり暑いけど、大丈夫？ 夏バテしてない？

❷ Do you have a cold?

You've been coughing a lot. Do you have a cold?

さっきからずいぶん咳(せき)をしているけど、風邪でもひいているの？

✢ メンバーの体調に気を配る

❸ I hope you're not under the weather.

You look really tired. I hope you're not under the weather.

すごく疲れているように見えるよ。体調を崩していなければいいんだけど…。

❹ How's your health?

You've been on the road a lot lately. How's your health?

ここのところ、出張が続いてしまっているけど、体はなんともない？

❺ I hope you're feeling okay.

You look a little worn out. <u>I hope you're feeling okay.</u>

疲れ果てているようだけど、大丈夫かい？

✥ 体調を考慮する

❻ You're still not well.

Maybe you'd better go home early. <u>You're still not well.</u>

今日は早く帰ったほうがいい。病み上がりなんだから。

❼ Are you in shape to...?

<u>Are you in shape to</u> do that work? If not, I'll have someone else do it.

いまの体調でその仕事ができるかい？ もしそうでなかったら、誰か他の人にやってもらうけど。

体調を気遣う場合、❶のように Are you feeling...? をよく使います。❸の under the weather は、「体調が悪い」（＝out of shape）という意味の慣用句です。語源は諸説ありますが、「悪天候で船酔いする」から来ているようです。❻「病み上がりなんだから」は、You just haven't recovered completely. などとも言えます。❼の in shape は、out of shape の反意語、つまり「体調がよい」という意味です。

5. メンタルヘルスに注意する

❖ 気楽に構えさせる

❶ It's not good to try to do everything on your own.

It's not good to try to do everything on your own. We're a team, so let's work together.

1人で抱え込むのはよくないな。チームなんだから、みんなで協力し合っていこう。

❷ There's no use fretting about something you can't do anything about.

Are you still worrying about that mistake you made the other day? There's no use fretting about something you can't do anything about, so why don't you try to take it easy?

先日の失敗のことで、まだ悩んでいるのかい？ そんなにクヨクヨしていたってどうしようもないから、もう少しのんびり構えてみたらどうかな？

❖ 悩みの有無を聞く

❸ Did something happen?

You usually cheer everyone in the office up, but you seem down today. Did something happen?

君はいつも職場のムードメーカーなのに、今日はどうも元気がないな。何かあったの？

第1章◆基本のコミュニケーション

❹ Is there something bothering you?

You don't seem to be able to concentrate on your work. Is there something bothering you? Why don't you try telling me about it?

仕事に集中できないみたいだね。気になることでも抱えているのかな？ よかったら話してくれないか。

❖ 仕事の心配を取り除く

❺ Don't worry about work. We'll be able to manage without you somehow.

Don't worry about work. We'll be able to manage without you somehow. When something goes wrong we help each other out.

仕事のことは心配しないでいいよ。我々でなんとかするよ。困ったときはお互いさまだよ。

---

❶のdo everything on your ownは「他人の助けを借りずに、自分で何でもやってしまう」という感じ。❷のfret about...は「…を思い悩む」という意味です。There's no use ...ing.は「…しても意味がない」「…してもムダだ」というニュアンス。❸はanythingではなくsomethingとなっていますが、これは質問者が「何かが起こったに違いない」と勘ぐっている感じです。実質的には、What happened?「何があったの？」とほぼ同じようなニュアンスです。

6. やり方などを教える

❖ 分からないことがないか尋ねる

❶ Don't feel embarrassed to ask questions.

Don't feel embarrassed to ask questions. This is your first assignment overseas, so there must be quite a few things you don't understand.

恥ずかしがらずに、何でも聞いてね。初めての海外勤務だ。分からないこともたくさんあるよ。

❖ コツを教える

❷ For things like this, it's best to...

For things like this, it's best to avoid telling others in advance so there will be no leaks.

こういうときには、情報が漏れないように、前もって他の人たちに教えないのが一番だよ。

❸ Instead of..., it'll be more convenient to...

Instead of making the address book in a word processor, it'll be more convenient to use a spreadsheet application.

住所録は、ワープロソフトよりも、表計算ソフトで作ったほうが便利だよ。

第1章◆基本のコミュニケーション

❹ If you want to…, you'll need to…

<u>If you want to</u> get this proposal OK'd without too much trouble, <u>you'll need to</u> do a lot of groundwork.

企画書をスムーズに通すには、根回しがカギだよ。

✥ 例を示して教える

❺ Just do it like this.

You hold your IC card over the terminal at the entrance. <u>Just do it like this.</u>

入口のところで、ICカードを端末にかざすんだ。こんなふうにね。

❻ You can use…

<u>You can use</u> this template to make the project proposal.

企画書は、この雛形に則って作るといいよ。

---

❶は、Don't hesitate to ask me anything. We all know how it feels to be in your shoes.「なんでも聞いてね。君のような初心者の気持ちは、みんながよく分かっているから」と言ってもいいですね。❹のOK'dは、「OKする」という意味の動詞"OK"の過去形です。また、do groundwork beforehand / lay (the) groundwork で「下準備する」「根回しする」という意味になります。❻は You need to make the proposal based on this template. とも言えます。

7. 指示を与える

❖ 割り振りを指示する

❶ I want you to be get involved with...

Why don't we let someone else take over that project? Instead, I want you to get involved with this project.

その仕事は誰か他の人に引き継がせよう。その代わり、君にはこのプロジェクトに関わってほしいんだ。

❷ I'd like to ask you to be in charge of...

This is going to be a busy month, so I'd like to ask you to be in charge of delegating work.

今月はやるべきことがたくさんあるので、君が中心になって仕事の割り振りを考えてみてほしい。

❖ 仕事を指示する

❸ I need to ask you to...

I need to ask you to make 30 copies of the material for the meeting tomorrow.

明日の会議で使う資料を30部コピーしておいてもらいたいんだけど。

❹ Could you go ahead and...?

Could you go ahead and conduct a customer-satisfaction survey through an outside agency?

第1章◆基本のコミュニケーション

外の代理店を使って、顧客満足度調査を実施してくれないか？

❺ Why don't you make...?

Why don't you make a graph of the sales trends of similar products from our competitors?

競合他社の類似商品の売上動向を、グラフの形でまとめておいてね。

✥ 締め切りを指示する

❻ XXX has to be done by...

I know it won't be easy, but the estimate for ABC has to be done by 5:00 today.

厳しいとは思うけれど、ABC社に提出する見積もりは、必ず今日の5時までに作っておいてね。

---

❷は「…の責任者になってくれ」という意味のフレーズです。❸は単にI need you to...とするよりも、このようにaskを入れることで、印象はよくなります。❹のgo ahead and...は「とりあえずやってみてよ」というニュアンス。❺のWhy don't you...?は「…したらどう？」が直訳ですが、「…してくれないか」というニュアンスでもよく使います。❻は、You have to...ではなく、estimateを主語にした受動態の形にすることで響きを少し和らげています。

8. 依頼する

✥ 簡単な仕事を頼む

❶ If you're not too busy, could you...?

Jim, if you're not too busy, could you go over this document to check for any mistakes?

ジム、時間があったら、この書類に間違いがないか目を通してくれるかい？

❷ Would you mind...?

We're out of toner for the copier. Would you mind going to General Affairs for some more?

トナーがなくなったよ。総務に取りにいってくれる？

✥ 面倒な仕事を頼む

❸ I'm sorry to trouble you, but I need to ask you to...

I'm sorry to trouble you, but I need to ask you to deliver this document to ABC ASAP.

大変申し訳ないけど、大至急ABC社まで、この書類を届けてもらえないかな。

❹ I know it won't be easy, but could you do it for me?

I'd like you to handle this project. I know it won't be easy, but could you do it for me?

第1章◆基本のコミュニケーション

このプロジェクトは、君に取り仕切ってもらいたいんだ。大変かもしれないが、引き受けてくれよ。

✣ 「いつでもいいので…」

❺ Could you...when you get a chance?

Could you look through this material when you get a chance?

時間のあるときに、この資料に目を通しておいてね。

❻ Could you look into it? There's no need to rush.

I'd like to set up a Twitter account for this department. Could you look into it? There's no need to rush.

この部のツイッターを始めたいんだけど、調べておいてくれないか。今すぐじゃなくてもいいから。

---

❶は not too busy なので、「多少忙しくてもやってくれ」というニュアンスがあります。❸で使っている ASAP「至急」は、「アサップ」「エイエスエイピー」以外にも「エイサップ」と読む場合もあります。❹の for me は、「私のためだと思って、頼むよ」のようなイメージ。❺は、when you run out of things to do や when you get bored も使えます。また、❻の There's no need to rush. に近い表現として、Take your time. / Do it when you can. / It's not high priority. / The priority isn't very high. なども覚えておきましょう。

9. 質問する

❖ 知っているかどうか尋ねる

❶ Did you hear that...?

<u>Did you hear that</u> ABC and XYZ are planning to merge next year<u>?</u>

ABCとXYZが来年合併するって、知ってたかい?

❷ Do you know how...?

<u>Do you know how</u> to fill out the circular<u>?</u> If you don't, just ask me.

稟議書(りんぎ)の書き方は知っていますか? もし知らなければ、私に訊いてください。

❖ 情報を提供してもらう

❸ Does anyone know...?

<u>Does anyone know</u> the contact info for our account rep at XYZ?

誰か、XYZ社のウチの営業担当の連絡先、知らない?

❹ Who has...?

<u>Who has</u> the e-mail address for Mr. Huang at DEF<u>?</u>

DEF社の黄(ホワン)さんのメールアドレス、誰か知らないかな?

第1章◆基本のコミュニケーション

✢ 意向を尋ねる

❺ **Which are you more interested in, A or B?**

Which are you more interested in, design or contents production?

君は、デザインをするのとコンテンツを作成するのでは、どちらにより興味がありますか？

❻ **Any thoughts?**

I'd like to have a welcoming party for Mr. Tao. He joined the company last month. Any thoughts?

先月入社した陶(タオ)さんの歓迎会をやろうと思うんだけど、どうかな？

---

❶はDid you know that...?でもOK。これから起こることをあらかじめ知っていたかを聞く場合、過去形のDid you know...?を用います。❸は「知っている人がいるかどうか」を尋ねています。❺は、他にも、Which do you prefer, A or B? / Which would you choose, A or B? / Which do you think would be better, A or B?なども使ってみましょう。❻のAny thoughts?はDo you have any thoughts (on this)?の省略形で、「何かアイデアはある？」というニュアンス。カジュアルですが、とてもよく使います。

Column 1 やる気を引き出す短い一言

「寸鉄人を刺す」のことわざ通り、短い一言は人の心に強い印象を残します。同様に、メンバーのやる気を引き出すには、ダラダラと話して聞かせるよりも、絶妙のタイミングで投げかける、気持ちのこもった短い一言が効果的です。

〈ほめる一言〉
You did it.「やったね！」
You made it!「やったね！」
Great job.「すばらしい！」
Good try.「よくやったね」
Good going!「いいぞ！」
▶「いい調子だ」「その調子だ」のようなニュアンス。
Nice try!「いいね」
You did a good job.「素晴らしい仕事をしたね」
You tried really hard.「一所懸命やったね」
I'm so proud of you.「君のことを誇りに思うよ」
▶ of youを省略して、I'm so proud.だけでもよく用います。単にほめるのではなく「誇りに思っている」と述べることで、相手のやる気を刺激できます。
I'm very pleased with your work.「君の仕事には大満足しているよ」
That's awesome!「それは素晴らしいね」
▶ awesomeの発音は［オーサム］。awful「ひどい」の反意語です。
How wonderful!「素晴らしいよ」
Not bad!「なかなかいいね」

Pretty good!「かなりいいよ」
Marvelous!「素晴らしい!」
Unbelievable!「信じられないほど素晴らしいよ」

〈自信を与える一言〉
I know you will do well.「君なら絶対に大丈夫だよ」
You'll definitely be fine.「絶対にうまくやれるよ」
I'm sure you'll be great.「君ならうまくやれるよ」
　▶ will be greatは「素晴らしくなる」、つまり「素晴らしい結果を収める」というニュアンス。
You can do it.「君ならできるよ」
I knew you could do it.「君なら、やれると思った」
I'm sure you can make it.「君ならきっと成功するよ」
　▶ make itは「うまくやる」という意味です。
You outperformed my expectations.「期待以上の働きだったよ」
I knew I could count on you.「君は頼りになるね」
　▶「君なら信頼できると、最初から分かっていた」「君ならなんとかしてくれると思っていたよ」のようなニュアンスでよく使います。
We're counting on you.「君のことを頼りにしているよ」
I'm depending on you.「君を頼りにしているぞ」
I'm sure you'll make us proud of you.「君ならきっとやってくれると信じているよ」
　▶「君は、私たちに君のことを誇りに思わせるだろう」が直訳。「君の健闘を期待しているよ」のような感じで、期待感を相手に伝えるときに使います。

Believe in yourself and don't give up.「自分を信じて、あきらめないように」

〈お礼を言う〉
Thanks a lot.「ありがとう」
▶ a lotは意味を強めるために用いています。似たパターンとして、Thanks a million.やThanks a bunch.などもカジュアルなお礼の一言として使います。

Thanks for everything.「いろいろありがとう」
How sweet of you.「親切にありがとう」
▶ これは、ほめられた際に返す言葉としてもよく使います。

Appreciate it.「ありがとう」
▶ I appreciate it.の省略形。'Preciate it.[プリシエイティ]のように発音します。

You really saved me.「おかげで助かったよ」
I owe you lunch.「(お世話になったから)お昼ぐらいごちそうしないとね」
I can't thank you enough.「感謝の言葉もないよ」
▶ 「十分に感謝することが不可能」、つまり「いくら感謝してもし足りないぐらいだ」ということ。

I really appreciate everything you've done for me.「君にはいろいろと感謝しているよ」
▶ ちょっと改まった言い方ですが、強い感謝の気持ちを伝えたい場合に使えます。

2
業務を進めるための表現

　チームで仕事をする場合、仕事の進め方、その進捗状況、そしてクロージングと、段階ごとにメンバーとの間で密にコミュニケーションを取る必要があります。いわゆる「報・連・相」と、これに対する助言や指示などです。
　この章では、こうした際に明確な意思疎通が図れる英語表現を見ていくことにします。

1. 確認する

❖ 進捗状況を確認する

❶ Does it look like you can...?

Your sales goal for this month was set at 10, but <u>does it look like you can</u> meet that target?

今月の目標販売台数は10台だけれど、クリアできそうかい?

❷ Can we go over your progress up to today?

There're still a lot to do on the schedule. <u>Can we go over your progress up to today?</u>

まだまだやることはたくさんあるけど、今日の段階で、今後の進行について一緒に確認しておこうか。

❸ Please give me an update on...

<u>Please give me an update on</u> each of your three projects.

君の抱えている3つのプロジェクトの、それぞれの進捗状況について、説明してもらってもいいかな。

❖ 日程を確認する

❹ Do you remember what time...is?

Lieu, <u>do you remember what time</u> the appointment with the advertising agency <u>is</u>?

第2章◆業務を進めるための表現

劉(リュウ)さん、広告会社との約束は何時からだったかな？

❺ By when do we need to...?

By when do we need to deliver the prototype to the client? Let's count back from that and make a schedule.

試作品は、何日までにクライアントのところに届いていればいいんだっけ？ それから逆算して、スケジュールを練ろう。

❖ 注意事項を確認する

❻ When we..., be careful about these points.

We are finaly one step away from finishing. When we close the deal with them, be careful about these points.

いよいよ、最後の詰めだね。商談をまとめる際には、これらのポイントに注意するようにね。

---

❶のlook like... は「…のように見える」、Does it look like...? は、「…のように見えますか？」「…できそうですか？」と「目算」「見込み」を尋ねる場合の表現です。❷はCan we...?とweを主語にすることで「一緒に確認してみよう」というニュアンスを出しています。❸のgive me an update on... は「…の最新の状況を教える」という意味です。keep me informed on... / keep me posted on... も、似たような意味の表現です。

2. 報告を促す

✣ 報告を命じる

❶ I need a written report on...

I need a written report on last month's accident at the Sapporo plant.

先月札幌工場で起きた事故の報告書を提出してくれ。

❷ Make sure you give me a report.

Make sure you give me a report within one week of your return from your trip.

出張から戻ったら、1週間以内に必ず報告書を提出するように。

✣ 報告の必要性を訴える

❸ I know it's a pain in the neck to write a daily report, but...

I know it's a pain in the neck to write a daily report, but without it, we can't manage the work.

日報を書くのは面倒だろうけど、提出してもらわないと、業務管理ができないので困るんだ。

✣ 報告をまとめさせる

❹ Could you summarize...?

I know you're busy, but could you summarize today's meeting and mail it to me?

第2章◆業務を進めるための表現

忙しいところ悪いんだけど、今日の会議の内容をまとめて、メールで送ってくれないかな。

❺ Could you write up what you just said?

Could you write up what you just said—list format is okay—and mail it to me?

今口頭で説明してくれた内容を、箇条書きの形で構わないから、メールで送ってもらえないだろうか。

❻ Can you give me a progress report?

Can you give me a progress report? I want you to keep me informed.

進捗状況の報告をしてくれないかな。報告は欠かさないようにしてくれよ。

---

❶のwritten reportは「口頭での報告ではなく、書面の形で」と、念を押す場合に使う表現です。I need you to write a report on...のように表現することも可能です。❸のa pain in the neckは「頭痛のタネ」「目の上のたんこぶ」という意味の、ややカジュアルな表現。「誰もがいやがる面倒な仕事」というニュアンスでよく使います。❹と❺は、Can you...?ではなくCould you...?を使うほうが丁寧な感じになります。❹のsummarizeの代わりに、make an outline of...を使うこともできます。

3. 事実に基づく話をさせる

❖ 単なる推測であることを指摘する

❶ That's just your opinion.

That's just your opinion. It also begs questions about how effective it will actually be when we put that plan into action.

それは君個人の考えにすぎないな。また、その計画を実行に移した場合、どれほど実際に有効なのかに関して疑問の余地があるよ。

❷ That's a pretty wild guess.

I have to say, that's a pretty wild guess. Do not take a shot in the dark. You need to think more logically.

ずいぶん当てずっぽうな感じがするな。ヤマ勘で答えたりせずに、もっと論理的に考えるようにね。

❸ It's still a matter of speculation.

Your hypothesis seems convincing, but it's still a matter of speculation. Have you got anything to back that up?

君の仮説には説得力があるが、まだ疑念の余地があるね。何かそれを裏づける根拠はあるの？

第2章◆業務を進めるための表現

❖ 事実を把握させる

❹ Take the guesswork out of XXX.

Take the guesswork out of marketing. Try to clarify the needs of potential customers through rigorous market research first.

マーケティングを進める際には、当て推量は禁物だ。まずは綿密な市場調査によって、潜在顧客のニーズを明らかにするようにね。

❖ 情報のソースを明確にさせる

❺ Where did you get that information?

ABC and XYZ have agreed to merge in 2011? Where did you get that information?

ABC社とXYZ社が、2011年に合併することで合意したって？ どこでそんな情報を仕入れたんだい？

---

❶のThat's just your opinion. は「それは君の考えにすぎない」というのが直訳ですが、「私の考えとは異なる」「私は反対だ」という含みがあります。❷で使っているa shot in the darkは「暗闇の中で撃つ」ということから、「当てずっぽう」という意味になります。❹のtake A out of Bは「BからAを取り除く」→「Bをする際にはAは不要である」ということ。❺は、他にもWho told you that?などと言うこともできます。

4. 分かりやすく説明させる

✣ 分かりにくいことを指摘する

❶ Your explanation doesn't make much sense to me.

Your explanation doesn't make much sense to me. Why don't you write down what you want to say first?

君の説明はあまりよく分からないな。言いたいことをまず書き出してみたらどうかな。

❷ It doesn't ring a bell.

It doesn't ring a bell. Can you try to explain more clearly?

今ひとつピンと来ないな。もっと分かりやすく説明できないかな。

❸ I'm sorry, I don't follow.

I'm sorry, I don't follow. Could you explain your idea in different terms?

申し訳ないが、私には意味が分からない。別の言葉で説明してみてくれないかな。

✣ 分からない点を指摘する

❹ There are still a few things I don't understand.

I'm beginning to get the picture, but there are still a few things I don't understand. For example, could you explain why you think the client would want to use A123 and not X789?

君の言いたいことはだいたい理解できたけど、まだ全体像がつかめないな。たとえば、君はどうしてクライアントはX789型ではなく、A123型のほうを使いたがると考えているの？

❺ Your explanation contains one area that I have trouble following.

Frankly, your explanation contains one area that I have trouble following. Could I ask you to go over the cost-effectiveness again?

正直に言って、君の説明には1つ理解に苦しむ部分がある。費用対効果のところを、もう一度説明してもらえないかな。

---

❶の...write down what you want to sayは、put down what you want to sayと言うこともできます。❷のring a bellは、日本語の「思い当たる」「ピンと来る」に近いニュアンス。come across clearlyなどと言うこともあります。❸と❺で使っているfollowは「ついていく」というのが原義ですが、ここでは「論理の流れについていく」「理解する」という意味で用いています。

5. 連絡を促す

❖ 連絡を命じる

❶ Could you let XXX know that...?

Could you let the other members of the team know that the regular meeting was changed to Wednesday?

定例会議が水曜日に変更になったことを、チームの他のメンバーに連絡してもらえないかな。

❷ Could you give XXX a call back?

You got a call from Robert at DEF Trading. Could you give him a call back?

DEF商事のロバート氏から君宛てに電話があったよ。連絡してもらえる？

❖ 連絡の期日を伝える

❸ Could you try to touch base with XXX by...?

Could you try to touch base with Kim by 5:00?

5時までにキムに連絡してくれるかな？

❹ Could you send me the details by...?

When you verify the appointment with ABC, could you send me the details by noon tomorrow?

第2章◆業務を進めるための表現

ABC社との打ち合わせの件が決まったら、明日の正午までにメールで詳細を連絡してください。

✥ 連絡を催促する

❺ Please call me back as soon as you get this message.

This is Hiroshi Nakamura. I was expecting your call by 5:00. I'm a little worried because I haven't heard from you. Please call me back as soon as you get this message.

中村浩です。5時までに電話をくれるはずだったのに、まだ連絡がないので心配しています。メッセージを聞いたら、折り返し連絡をお願いします。

❻ I'd appreciate it if you could call me...

I know you're planning to call me at 5:00, but my schedule opened up, and so I'd appreciate it if you could call me now.

5時に連絡をもらう予定だったけど、たまたま時間が空いたので、今すぐ連絡をもらえるとありがたい。

---

❷のa call backは「折り返しの電話」です。Could you call him back?と言うこともできます。❸のtouch base with...は「…と話す」「…に連絡する」。❹のverify the appointment with ABCは、「ABC社との打ち合わせを調整して確定させる」というニュアンスです。なお、❷/❺/❻は、留守番電話に残すメッセージを想定しています。

6. 連絡に対応する

✣ 連絡に応じる

❶ Sounds good.

So you were able to secure a room for the regular meeting. Sounds good.

定例会議の部屋を確保することができたんだね。それはよかった。

❷ Got it.

So there was a train accident and you'll be late...got it.

電車事故のため、帰社時間が遅れる、と。了解。

✣ 連絡内容をまとめる

❸ So what you're saying is... Is that right?

So what you're saying is... you're almost out of samples to give out and you want me to bring you some more. And you need some extra hands. Is that right?

つまり、こういうこと？ 配布用のサンプルがなくなりそうだから、追加分を持ってきてほしい。それに、手伝いも何人か来てほしい、ということだね？

第2章◆業務を進めるための表現

❹ So then, ...

So then, you got an additional order. That's 20 of model 12345, and 30 of 67890. Okay, no problem.

それじゃあ、追加の注文をもらったんだね。12345型を20台、67890型を30台だね。うん、分かった。

❖ 労いの言葉をかける

❺ I'm glad you called, thanks.

I'm glad you called, thanks.

連絡ありがとう。ご苦労さま。

❻ Way to go!

I see. So, you got the contract! Way to go!

なるほど、契約が取れたんだね！ よくやったね！

---

❶Sounds good. は、That sounds good. の省略形。特に問題のない連絡を受けたときによく使います。❷のGot it. は、「了解」と軽く応じる際によく用います。その他、Roger.「ラジャー」などを使うこともあります。❸と❹の、冒頭のSo は、「ということは」「つまり」というニュアンスで、相手の発言を受ける際に用います。

7. 相談を促す

❖ 相談するように促す

❶ ..., so could we talk about this?

It looks like it's taking time to pick out the material for the test piece, so could we talk about this?

試作品の材料選定にだいぶ時間がかかっているようだね。一度私のところに相談に来てはどうだ。

❷ Don't just worry about it yourself.

Don't just worry about it yourself. Make sure you talk to me and also others around you about this.

1人で悩んでいても仕方がないよ。私でも周りの人でもいいから、相談に乗ってもらいなさい。

❖ 相談を受ける姿勢を示す

❸ If there's something I might be able to help with, ...

If there's something I might be able to help with, drop by anytime.

私で役に立つのならば、いつでも相談に乗るよ。

第2章◆業務を進めるための表現

✢ 相談の必要があるか尋ねる

❹ It's only natural that you have some questions and concerns.

You haven't been here long, so it's only natural that you have some questions and concerns. I might be able to give you some advice.

職場に入って間もないんだから、疑問点や不安なことがあって当然だよ。いつでも聞きにおいでよ。

❺ You can just drop by without an appointment.

I'll make sure to be in the office from 4:00 to 6:00 on Mondays, Wednesdays and Thursdays, so you can just drop by without an appointment.

毎週月・水・木曜日の午後4時から6時の間は、必ずオフィスにいるようにするので、その時間ならアポなしで気軽に来ていいよ。

---

❶は I'd like to have you come over so we can talk about the material for the prototype. It seems to be taking a long time. と言ってもいいでしょう。❸で might を使っているのは、「もし相談ごとがあれば…」という控えめなニュアンスを出すためです。また、他に Let me know anytime if I can help. のように言うこともできます。

8. 相談に対してアドバイスする

❖ 可能性や別の考え方を示す

❶ If you..., they might...

It wasn't good to make the client angry, but if you sincerely apologize, they might let it go this time.

顧客を怒らせたのはまずかったけど、誠心誠意謝罪すれば、今回は水に流してもらえるかもしれないよ。

❷ How about looking at it a different way?

How about looking at it a different way? This difficult situation might be an opportunity for you to really grow.

別の見方をしてみたらどうかな。今回の難題は、君にとって大きく成長するチャンスじゃないかな。

❖ 対応策を提示する

❸ Let's just play it by ear.

Worrying won't help, so let's just play it by ear. We'll divide up the work and finish everything by tomorrow morning.

悩んでいても仕方がない。臨機応変に行こう。みんなで手分けして明朝までにすべてを終わらせよう。

❹ ..., so what about...?

It's going to be hard time-wise, so what about outsourcing to some free-lancers? Meeting the deadline is more important than saving costs.

時間的に厳しいようだから、外注しちゃったらどうかな。多少お金がかかっても、納期は守らないとね。

❖ 適任者を紹介する

❺ Maybe you should ask..., not me.

For that kind of thing, maybe you should ask Tom Simmons in the sales department, not me.

そのことだったら、私よりも、営業部のトム・シモンズに聞いたほうがいいと思うよ。

---

❶のlet it goは「(ミスなどを) 見逃す」という意味です。❷はThere's a different way of looking at this. や This headache might be a good growth opportunity. とも言えます。headacheは「困難な状況」を婉曲的に表現したものです。❸のplay it by earは「楽譜を見ずに演奏する」ことから、「その場で対応する」という意味です。❹のtime-wiseは「時間的に」。salary-wiseなら「給料的に」、price-wiseなら「価格的に」という意味になります。❺のように適任者を紹介する場合、I guess XXX would give you a convincing answer. などと言ってもよいでしょう。

9. 期限を示す

❖ 締め切りを示す

❶ It's imperative that you finish XXX by...

It's imperative that you finish this report by 5:00 on Wednesday.

このレポートは、水曜日の5時までに必ず仕上げるようにしてね。

❷ It would be nice if you could get it done by...

The estimate for ABC can wait, so you can take your time. However, it would be nice if you could get it done by the end of next week.

ABC社への見積もりは急ぎではないので、時間をかけていいよ。でも、来週中に仕上がるとありがたいな。

❖ 期限を設定する

❸ Let's set the deadline as...

Let's set the deadline as October 10. If this doesn't seem feasible, let's have other members help you.

10月10日を締め切りとしよう。もしこれが無理そうだったら、他のメンバーにも手伝ってもらおう。

第2章◆業務を進めるための表現

❹ How about setting a due date?

How about setting a due date? Can you finish it within two weeks?

期限を設定してはどうかな？ 今から2週間で終わらせられるかい？

✥ 早急にやってもらう

❺ no matter what happens

I want the specifications ready by 5:00 today, no matter what happens.

仕様書は、何がなんでも今日の5時までに仕上げろ。

❻ I need...like yesterday.

When can you fix this by? I need it like yesterday.

これは、いつまでに直せるかな？ 早急に必要なんだ。

---

❶の imperative は「必須な」という意味で、「絶対命令」というニュアンスです。Make sure you finish...のようにも言えます。❷で使っている ...can wait は、「…は待つことができる」つまり「それほど緊急ではない」となります。❺は「何があっても」というニュアンスで、かなり強い感じになります。また、❻の like yesterday は、「それこそ昨日もらいたいくらいだ」という気持ちを表す表現です。

10. 理由・根拠を述べさせる

❖ 理由や根拠を尋ねる

❶ On what grounds...?

Jean, on what grounds have you reached that conclusion?

ジャン、どうしてそのような結論に達したのか、理由を教えてくれないか。

❷ May I ask why?

So, you think we should put this project to the back-burner. May I ask why?

じゃあ、君はこの計画は保留にしたほうがいいと考えているんだね。理由を聞かせてもらえるかな。

❖ 根拠の有無を尋ねる

❸ What do you base that on?

You said we should withdraw from this project. What do you base that on?

君はこのプロジェクトから撤退すべきだと言ったけど、それは何を根拠にしているの？

❹ Is that supported by fact?

Is that supported by fact? I'm afraid it isn't. You need to ascertain the truth. Do not jump to conclusions.

第2章◆業務を進めるための表現

それは事実に基づいているの？ 私にはそうは思えないな。事実を確かめないとダメだよ。結論を急がないこと。

❖ 根拠が乏しいことを指摘する

❺ What you're saying is logically invalid.

What you're saying is logically invalid. Also, there's an enormous leap of logic there. Arm yourself with all the information you can gather.

君の言っていることは、根拠が乏しいな。それに、大きな論理の飛躍があるよ。集められるすべての情報で理論武装してほしいな。

❻ You don't have a leg to stand on.

You don't have a leg to stand on.

君の言っていることには根拠がない。

理由を尋ねる場合、もちろん Why...? を使うこともありますが、場合によっては詰問しているような印象になってしまうこともあるので、❶や❷のようなバリエーションも覚えておきたいですね。❷のback-burnerは調理レンジの後列のバーナー。保温のためなどに鍋を「とりあえず」置くために使うことから、put...to [on] the back-burnerで「…を保留する」「…を後回しにする」の意味になります。❻のa leg to stand onとは、「主張を支える足」、すなわち「根拠」「論拠」のこと。根拠の乏しさを指摘する場合、他にも How can you be so sure? などと言ってもよいでしょう。「根拠もないのに、なぜ確信できるの？」というニュアンスです。

11. 招集する

✥ 自分のところに呼び出す

❶ Could you get the materials and come over here?

Tanaka-san, Yamada-san, <u>could you get the materials and come over here?</u>

田中さんと山田さんは、例の資料を持って、こちらに来てください。

✥ 緊急の呼び出しをかける

❷ I need you in XXX right away.

The head of sales at XYZ is on his way here now, so <u>I need you in Conference Room A right away.</u>

今、XYZ社の営業部長が来ているから、至急、A会議室に来てください。

❸ Those of you who happen to be here, ...

<u>Those of you who happen to be here,</u> please come to the conference room.

いまオフィスにいる人は、会議室に来てください。

第2章◆業務を進めるための表現

❖ 後で来てもらう

❹ **When you're free, could we talk about...?**

When you're free, could we talk about that matter in meeting room?

手が空いたら、例の件について会議室で話し合おうか?

❺ **I'm a little busy right now, so could you come by...?**

I'm a little busy right now, so could you come by in a couple of hours?

今ちょっと手が離せないから、2〜3時間後に来てもらえる?

---

❷の right away は、immediately と同じく「ただちに」「今すぐ」という意味です。I need... は、Could you...? のように「依頼」するのではなく、「業務命令」的なニュアンスを含みます。また「緊急の案件がある」は We have an urgent situation. あるいは、There's an emergency. とも言います。❹の「都合のよいときに」は、when you finish up with that job や when you have a free moment と言い換えてもよいでしょう。

Column 2 ビジネス金言① 「成功」編

世に名を残した人の言葉には、「なるほど真理を突いている」と思わせるものが多くあります。「成功」に関するこんな金言を用いて、メンバーのやる気を刺激するのも1つの方法です。

"The road to success is always under construction."「成功への道は、常に『工事中』だ」[アーノルド・パーマー(Arnold Palmer)、プロゴルファー]

▶「すんなりと成功は得られない」「苦難を乗り越えなければ成功できない」ということ。

"Success is never a destination—it is a journey."「成功とは終着点ではなく、旅である」[スタテニグ・セント・マリー(Statenig St. Marie)、ノンフィクションライター]

▶「そこに至るまでのプロセスが大事である」ということ。

"Sometimes things can go right only by first going very wrong."「最初に大失敗することでのみ、成功が得られることもある」[エドワード・テナー(Edward Tenner)、科学ジャーナリスト]

▶新規事業開拓をするときなどに使える一言。go rightは「うまくいく」。

"The only limit to your realization of tomorrow will be your doubts of today."「未来の実現への

ただ1つの限界は、現在への疑いである」[フランクリン・ルーズベルト（Franklin Roosevelt）、アメリカ合衆国第32代大統領]
　▶「今の自分を信じることができなければ、明日の成功はありえない」ということ。

"The successful man will profit from his mistakes and try again in a different way."「成功をつかむものは失敗から学び、再び違う方法を試みる」[デール・カーネギー（Dale Carnegie）、『人を動かす』で知られる作家]
　▶ profit from his mistakesは、learn from mistakes「失敗から学び取る」というニュアンスです。

"Anyone who has never made a mistake has never tried anything new."「失敗したことのない人は、何も新しいことに挑戦しなかった人である」[アルバート・アインシュタイン（Albert Einstein）、物理学者]
　▶だから、「失敗を恐れるな」ということ。

"Never let your memories be greater than your dreams."「過去の記憶を、夢よりも大きくするな」[ダグ・アイヴェスター（Doug Ivester）、元ザ・コカコーラカンパニーCEO]
　▶「過去にこだわりすぎずに、大きな夢を持とう」というスローガン。

"Success follows doing what you want to do. There is no other way to be successful."「自分

のやりたいことをやることが、成功を導く。これが唯一の成功への道だ」[マルコム・フォーブス（Malcolm Forbes）、『フォーブス』誌元発行人]
- ▶「自分のやりたいことの後に、成功が続いてくる」というのが直訳。「自分のやりたいことをやっていれば、後から成功がついてくる」という意味です。

"Act as if it were impossible to fail." 「失敗することが不可能であるかのように振る舞いなさい」[ドロシア・ブランド（Dorothea Brand）、ノンフィクションライター]
- ▶「何をやっても必ず成功するつもりで行動しなさい」「失敗を考えずに、一所懸命やりなさい」ということ。

"Self-trust is the first secret of success." 「自分を信頼することが、成功への第一の秘訣である」[ラルフ・ウォルド・エマソン（Ralph Waldo Emerson）、思想家]
- ▶「自分自身のことを信じられなければ、成功をつかむことはできない」という格言。

"You miss 100% of the shots you never take." 「シュートは、打たなければすべて外れだ」[ウェイン・グレツキー（Wayne Gretsky）、元NHL選手]
- ▶やってみなければ何も始まらない、ということですね。

3
チーム・マネジメントのための表現

　チームを「まとめる」ことが、チームリーダーのもっとも大切な役目です。チームとしての団結力を強化するには、共通したビジョンを持ち、それに向かって突き進むための雰囲気作りが欠かせません。
　メンバーをうまくまとめ上げ、グループダイナミクスを発揮するために役立つ、さまざまなフレーズを取り上げます。

1. 団結させる

❖ チームワークの大切さを説く

❶ If we keep working together, we'll be a great team.

Everything is going smoothly at the moment. If we keep working together, we'll be a great team.

今のところ、万事順調だ。この調子で頑張れば、きっと素晴らしいチームになるよ。

❖ チームであることを意識させる

❷ We're in the same boat.

Why don't we try to express our opinions more frankly? We're in the same boat.

みんな、もっと腹を割って話すようにしようよ。我々は運命共同体なんだから。

❸ I'm sure this will help us develop a sense of unity.

We made a wrong choice, but I'm sure this will help us develop a sense of unity.

今回は選択を誤ったが、このことで連帯感は強まるに違いないよ。

第3章◆チーム・マネジメントのための表現

✥ チームプレーを重んじさせる

❹ It's more important to be a team player.

Rather than improving your own business performance, it is more important to be a team player who can support other members of the team.

個人の成績を伸ばすことよりも、チームプレーヤーとして周りをサポートする協調性のほうが大切だよ。

❺ put a premium on esprit de corps

I believe it's important that each member puts a premium on esprit de corps. Otherwise, our team will fall apart sooner or later.

各人がチームワーク重視の精神を持つことが大切だと思う。そうしなければ、チームは遅かれ早かれ崩壊してしまうだろうね。

---

❷のWe're in the same boat. は「一蓮托生」というニュアンス。「運命を共にしている（同じ船に乗っている）のだから、協力し合おう」という意味で、とてもよく使う一言です。❸のsense of unityには、develop以外にdeepen「深める」などの動詞も使われます。❺のesprit de corps（発音は［esprí: de kɔ́ːr］）はもともとフランス語で、英語に直訳するとteam spiritです。ちなみに、チームワークの大切さを説いたことわざに、Three helping one another bear the burden of six. 「3人で力を合わせれば、6人分の働きができる」というものがあります。

2. 目標を示す

❖ チームとしての目標を提示する

❶ This week's target for the sales of XXX is...

<u>This week's target for the sales of the XYZ123 model is</u> 50 units. If we maintain the current pace, we will probably manage to reach this goal, so let's all do our best.

XYZ123型の今週の目標販売台数は50台だ。今のペースを維持すればクリアできるので、頑張ろう。

❖ 目標を設定する

❷ I want each one of you to set a clear objective.

<u>I want each one of you to set a clear objective.</u> Edgar, what is your sales target for this month?

みんなには、目標設定を明確にしてもらいたい。エドガー、君の今月の売上目標はいくらだい？

❸ Please try to...

<u>Please try to</u> handle miscellaneous office work such as preparing documents a bit faster.

書類作成などの事務作業は、もっと手早く処理するようにしてください。

第3章◆チーム・マネジメントのための表現

✥ ビジョンを確認する

❹ Our company is aiming to...

<u>Our company is aiming to</u> become the industry leader, for which your devoted effort is absolutely imperative.

わが社は業界のトップを目指している。そのためにも、みんなの献身的努力が必要不可欠なんだ。

❺ I'd like to remind you that our company's vision is...

<u>I'd like to remind you that our company's vision is</u> to "enrich and entertain a global audience." What can we do to achieve this vision?

わが社のビジョンは「世界のお客様を豊かにし、楽しませること」だ。このビジョンを達成するために、何ができるだろうか？

---

❶の例のように、目標を示す場合は「頑張ろう！」という前向きの一言を添えると印象がよくなります。❹のaim to... は「…を達成することを目指している」という前向きなニュアンスのフレーズです。❸は非常にシンプルですが、try to... も、❹のaim to... と同様、努力目標を示す場合によく使う動詞です。aim to は "try to achieve" というニュアンスで、try to よりも「前向き」な感じを強く出すことができます。

3. 提案を投げかける

❖ 議題を提供する

❶ Shall we move on to another item on the agenda?

Shall we move on to another item on the agenda? Why don't we talk about the delivery time?

そろそろ別の議題に移ったらどうかな？ 納期はどうなっているんだい？

❷ ..., but we also need to come to a decision about...

We seem to have talked at length about delivery time, but we also need to come to a decision about the subcontractors. Where should we place our orders?

納期の問題についてはかなり話がまとまったようだけど、外注先を決める必要があるね。どこに発注すべきだと思いますか？

❖ 提案する

❸ There are a number of suggestions I would like to make.

If you allow me, there are a number of suggestions I would like to make.

よかったら、いくつか提案したいことがあるんだけど。

第3章◆チーム・マネジメントのための表現

❹ That's quite a good proposal, but...

That's quite a good proposal, but the costs would be a bit high. Let's try to find a way to cut costs by around 15%.

なかなか良い提案だけど、コストが少しかかりすぎるのが問題だ。なんとかして15%ぐらいコストを削減できないだろうか。

❖ 参考意見を述べる

❺ I would like you to carefully consider, for your reference, that...

I would like you to carefully consider, for your reference, that something similar to this actually happened about five years ago. At that time, the situation was settled as follows: ...

あくまでも参考意見として聞いてほしいんだけど、似たようなことが、5年ぐらい前にも実際に起こったんだ。そのときは、こんなふうに事態を解決に導いたんだよ。

---

❶のmove on to...は「いま話していることを切り上げて、次に移る」というニュアンス。❷のcome to a decision about...は、「…に関して結論に至る」という意味です。❺の最後のthe situation was settled as follows...は、the situation was dealt with as follows...、あるいは、the situation was settled in this way...のように言うこともできます。また、for your referenceと同様、This is my personal opinion.「私見ですが」と一言入れることで、語調を和らげることができます。

69

4. 議論を促す

❖ 議論を活性化させる

❶ I'd like you to actively discuss your opinions.

I'd like you to actively discuss your opinions. Since we have set aside time for this meeting, we have to make it a platform for useful discussion.

もっと活発に意見を出し合ってほしいな。せっかく時間をとって会議をしているのだから、有用な話し合いの場にしなければだめだよ。

❷ Anything is all right, so please try saying what you think.

Anything is all right, so please try saying what you think. If you do so, this will be a productive discussion.

どんなことでもいいから、思いついたことをどんどん口に出して言ってみてください。そのほうが議論が活性化するからね。

❖ 話を整理する

❸ Let's allow the dust to settle and summarize our discussion up to this point.

As there has been confusion, let's allow the

dust to settle and summarize our discussion up to this point as we prepare for an even more lively discussion.

混乱してきたようだから、まずは落ち着いて、さらに活発な議論をするために、これまでの話の流れを整理してみようか。

❖ 発言を促す

❹ Do you have an opinion?

Mr. Yamada, you didn't speak much earlier on. Do you have an opinion?

山田さん、さっきからあまり発言していないようだけど、何か意見はありますか？

---

❶のような状況では、たとえばThere seems to be no further discussion.「意見は出尽くしたようだね」などと言って、決を採るパターンも考えられます。❷のsay what you thinkは、「思いついたことをそのまま口に出す」ということ。❸のallow the dust to settleは「舞い上がったホコリが落ち着くのを待つ」、つまり「事態を落ち着かせる」という意味になります。ちなみに「議論が堂々巡りになっているようだ」なら、I feel like we're running in circles. などと言います。❹のearlier onは、「少し前から」という意味です。また❹は、What do you think about this matter? のように訊いてもよいでしょう。

5. 話を本題に戻す

❖ 話がそれていることを指摘する

❶ You're getting off the subject.

You're getting off the subject. Since we don't have much time left, let's just make a decision about the main topic.

話が脱線してしまっているよ。もうあまり時間がないのだから、とにかくメインの議題についてだけでも、結論を出してしまおう。

❷ We're starting to wander off the topic.

I'm afraid we're starting to wander off the topic. Where were we?

話がズレ始めてしまっているようだ。なんの話をしていたんだっけ？

❖ 話をそらさせない

❸ Do not stray from the point.

We are having an important discussion, so do not stray from the point.

重要なことを話し合っているのだから、話をそらさないでくれ。

❹ That has nothing to do with what we're discussing.

第3章◆チーム・マネジメントのための表現

<u>That has nothing to do with what we're discussing.</u> Will you hear me out on this?

それは、我々が話し合っていることとまったく関係がない。私の話を最後まで聞いてもらえるかな。

❖ 本題に入る

❺ Let's get down to business.

<u>Let's get down to business</u> now. I want to discuss with you our advertising campaign today.

さて、本題に入ろうか。今日は、広告キャンペーンについて話し合いたいと思っている。

❻ Can we cut to the chase?

<u>Can we cut to the chase?</u> I actually have an appointment at 5:00, so I don't have much time.

本題に入らない？ 実は5時から約束があるから、あまり時間がないんだ。

---

❶のget off the subjectは、「主題から外れる」ということ。get sidetrackedともよく言います。❷のwander off the topic は「トピックから外れてさまよい歩く」、❸のstray from the point は「ポイントから外れて迷子になる」ということで、どちらもほぼ同じようなニュアンスを表しています。❹で使っているhear...outは、「途中で割り込まないで、相手の発言を最後まで通して聞く」ということ。❻のcut to the chase は「要点だけを言う」「単刀直入に言う」というニュアンス。

6. 意見をとりまとめる

❖ 総意を確認する

❶ I would like to confirm something before we finish.

I would like to confirm something before we finish: Have we agreed to scrap this proposal because it's too costly?

最後に1つ確認しておくけれど、この企画はコストがかさみすぎるので反故にする、ということでいいね？

❷ In conclusion, we have decided to...

In conclusion, we have decided to present Tim's proposal at the Board Meeting. Are there any objections?

それでは結論として、ティムの企画は役員会に上げるということで異論はないね？

❸ We appear to have come to an agreement.

We appear to have come to an agreement. Well, then, let's work out our schedule in order to put this plan into action.

ようやく意見がまとまったようだね。それでは、この計画を実行に移すために、スケジュールを組もう。

第3章◆チーム・マネジメントのための表現

✥ 各自の意見を尋ねる

❹ Do you agree or disagree?

What do you think, Rebecca? <u>Do you agree or disagree?</u>

レベッカ、あなたはどう思いますか？ 賛成ですか？ それとも反対ですか？

❺ Let's start with XXX and go clockwise...

Let me hear your individual opinions. <u>Let's start with Mr. Kimura and go clockwise</u>, and each of you should give your opinions.

各自の意見を聞いてみたいな。時計回りに、1人ずつ意見を述べてみてください。まずは、木村さんからお願いします。

---

❷は、we have decided to... と、単なる過去形ではなく現在完了形になります。これにより「議論を経て、最終的にこのように決まった」というニュアンスを込めることができます。❸のhave come toも同様で、総意として決められた意見の「重み」を仄めかすイメージになります。❹のDo you agree or disagree? は、他の言い方にするならAre you for or against? です。多数決の場合は、Let's take a vote, や Why don't we vote? などを使います。❺のclockwiseの反意語はcounterclockwise「反時計回りに」です。

7. 話を打ち切る

❖ 発言を遮る

❶ That's a wrap.

That's a wrap. Now it's your turn, Sue, please tell me what's on your mind.

君の発言はこれでおしまい。今度はスーの番だ。思っていることを言ってごらん。

❷ We heard you, already.

We heard you, already. Can you give others a say about this new project?

もういいよ。君の話は分かったから。この新プロジェクトに関して、他の人たちにも発言の機会を与えてくれないかな。

❸ I can see your point.

I guess I can see your point. Correct me if I'm wrong. You are saying that the risks are too great to be overlooked, right?

君の言いたいことは分かるよ。私が間違っていたら訂正してほしいんだけど、つまり、リスクがあまりに大きいので、見過ごせないということだね？

❖ 決定事項であることを告げる

❹ There's no use discussing the matter

further.

This has already been officially decided at the board meeting, so there's no use discussing the matter further.

これは、すでに役員会で正式に決定されたことだから、これ以上議論しても意味がないよ。

❺ It's a done deal.

This decision is absolute: It's a done deal.

この決定は絶対的なもので、もう決まったことなんだよ。

❻ There's no help for it now.

This has been decided as the collective will of the entire team, so there's no help for it now. Can't you understand?

これはチームの総意としてまとまった話なんだから、今さらどうすることもできない。分かるよね？

---

❶のThat's a wrap.は「はい、おしまい」というニュアンス。❷は「もうたくさんだ」「うんざりだ」「勘弁してくれ」というニュアンスになります。give...a sayは、「…に発表させる」という意味です。❺のa done dealは、「もう決まった話」「終わったこと」「確定事項」といったイメージ。an accomplished factと言うこともできます。

8. 任せる

❖ 一任する

❶ I intend to entrust this entire project to you.

Ms. Yang, I intend to entrust this entire project to you. Of course, I will offer you support, so you can come to me for advice at any time.

このプロジェクトは、すべてを楊(ヤン)さんに任せますが、もちろん支援はします。いつでも相談に来てください。

❷ From now on, XXX will be in charge.

I have been in charge of the joint projects with ABC Company up to now, but from now on, Mr. Schmidt will be in charge.

ABC社との共同プロジェクトは、これまでは私が責任者となってやってきましたが、今後はシュミットさんにその役割を担ってもらいます。

❖ 責任を分かち合う

❸ XXX's approval is also required.

Up until now, I have been giving the final green light on proposals all by myself. However, from now on, the assistant manager, Mr. Wang's approval is also required.

これまでは、私1人が企画の決裁をしていました。しかし、これからは、王(ワン)係長の決裁も必要となります。

第3章◆チーム・マネジメントのための表現

✥ 担当を決める

❹ XXX will be in charge of...

As regards the area of supervision of sales, <u>Esther will be in charge of</u> the Eastern Division, while Chang will be in charge of the Western Division.

営業担当地域ですが、エスターさんは東地区、張(チャン)さんには西地区の担当になってもらいます。

❺ XXX will take over...

As you all know, Mr. Yamamoto will retire next month. From now, <u>Mr. Suzuki will take over</u> all the projects that Mr. Yamamoto supervised.

皆さんもご存じの通り、山本さんが来月退職します。そこで、これまで山本さんが担当していたプロジェクトは、今後、鈴木さんに担当してもらいます。

---

❶は entrust A to B「AをBに託す」というパターンを使っています。「フォロー」は、このように offer support と言うほうが自然ですが、provide follow-up も用います。❸の give the final green light とは「ゴーサインを出す」ですが、「ゴーサインをもらう」は get the green light もしくは get the go-ahead などと表現します。❹に似た表現として、I would like you to be... も覚えておきましょう。

79

9. 文化や価値観の違いに配慮する

❖ 文化的な違いを教える

❶ There are some Japanese who...

There are some Japanese who are not used to calling others by their first name. So, if someone addresses you by your family name, he does so without any malicious intent.

日本人の中には、ファーストネームで呼ぶことに慣れていない人もいる。だから、誰かが君を名字で呼んだとしても、そこにはなんら悪意はないからね。

❷ When Japanese people say XXX, it does not necessarily mean YYY.

When Japanese people say *Narubeku Hayaku*, it does not necessarily mean "ASAP." They are not that desperate in most cases; it's one of their pet phrases.

日本人が「なるべく早く」と言うときは、必ずしも"ASAP"という意味ではないんだ。それほど緊急ではないことがほとんどだ。ログセみたいなもんだよ。

❖ やり方の違いへの戸惑いに配慮する

❸ Have you gotten accustomed to the Japanese way of doing things?

Have you gotten accustomed to the Japanese way of doing things? I know it's quite different

第3章◆チーム・マネジメントのための表現

from that of your country.

日本流のやり方には、もう慣れたかい？ 君の国のやり方とは、かなり違うだろうからね。

❹ I think it would be a good idea to understand Japanese business practices.

I think it would be a good idea to understand Japanese business practices. For instance, comformity is a big priority in Japanese business.

日本のビジネス慣習を理解しておくといいね。たとえば、日本のビジネスでは、協調が一番なんだ。

❖ 英語の苦手なメンバーに配慮する

❺ Please speak slowly and clearly.

There are some people who aren't native speakers of English, so please speak slowly and clearly.

英語が母語でない人もいるので、ゆっくりと、そしてはっきり話すようにね。

　　日本独自の文化や価値観に戸惑いを覚える外国人スタッフは、とても多いようです。そんな人には、まず❸のように声をかけてあげたらいいと思います。❷は実体験に基づいています。「なるべく早く」は、ASAPほどの「切羽詰まった」感じはないでしょう。また、英語が母語でない外国人には、❺のようなフレーズを使って配慮しましょう。

10. 仲裁する

❖ 間に入る

❶ I will mediate between the two of you.

You seem to have upset Mr. Sugimoto. I will mediate between the two of you, so you had better try to reconcile with him.

杉本さんと揉めてしまったようだね。僕が間に入って仲を取り持つようにするから、ちゃんと和解したほうがいいよ。

❷ I'll clear the air.

The president seems to have misunderstood you. Leave it to me; I'll clear the air.

社長は、君のことを誤解しているようだ。私に任せてくれれば、彼の誤解を解くからね。

❖ 前向きに考えさせる

❸ If all we do is complain then we won't make any progress.

If all we do is complain then we won't make any progress. Let's all work together to overcome this setback.

文句ばかり言っていても前に進まないよ。全員で一丸となって、この失敗を克服しよう。

第3章◆チーム・マネジメントのための表現

❹ Why don't we end the fighting and think positively?

The most important thing is our spirit of unity. Why don't we end the fighting and think positively?

一番大切なのは、団結の精神だよ。いがみ合うのはやめにして、前向きに考えてみてはどうかな？

❺ We need to build up a sense of fellowship.

Instead of getting in each other's way, we need to build up a sense of fellowship.

お互いに足を引っ張り合うのではなく、仲間意識を築くことが必要だよ。

---

❶のmediateは、「仲介する」「とりなす」という意味の動詞です。ちなみに「仲介者」は、mediatorと呼びます。❷のclear the airは、「埃などを取り除く」という意味から転じて「暗雲を取り除く」すなわち「誤解を解く」という意味でも使われます。❸のsetbackは「失敗」「挫折」ですが、「一時的に後退する」(→挽回可能である)というニュアンスなので、failureよりも前向きなイメージです。❹のendは「中断する」「(無理に)終わらせる」というイメージ。

Column 3 ビジネス金言② 「責任感・自覚」編

メンバーに責任感や自覚を持ってもらうためには、こんな金言を引用してみるのもよいかもしれません。

"Ask not what your country can do for you——ask what you can do for your country." 「国があなたに何をしてくれるのかではなく、自分が国のために何ができるのかを自問してください」[ジョン・F・ケネディ(John F. Kennedy)、アメリカ第35代大統領]
　▶ケネディ大統領の就任演説の一節。countryをcompanyに代えて使ってみてください。

"Let him that would move the world first move himself." 「世界を動かそうというものは、まず自分自身を動かしてみよ」[プラトン(Plato)、哲学者]
　▶「大きなことをしようとするなら、まずは自分が責任をもって動かなければならない」ということ。

"He who believes is strong; he who doubts is weak. Strong convictions precede great actions." 「信ずる者は強く、疑う者は弱い。強い確信は、偉大なる行動に先んずる」[ジェームズ・フリーマン・クラーク(James Freeman Clarke)、牧師・神学者]
　▶「強い確信」がなければ「偉大な行動」は起こりえない、ということ。

"Lost wealth may be replaced by industry,

lost knowledge by study, lost health by temperance or medicine, but lost time is gone forever."「失われた富は勤勉によって、忘れた知識は勉強によって、失われた健康は節制や薬で取り戻せるが、失われた時間は永遠に戻らない」[サミュエル・スマイルズ（Samuel Smiles）、『自助論』で知られる作家]

▶ 時間の大切さを自覚させるときに引用してみたい金言です。

"Be quick, but don't hurry."「急ぎなさい、でもあわてないで」[ジョン・ウッデン（John Wooden）、元UCLAバスケットボールチームコーチ]

▶ "Haste makes waste."「急いては事を仕損じる」ということわざとは異なり、「急ぎつつ、失敗はしないようにしなさい」という意味の格言になっています。hurryは「無理に急ぐ」「あわてる」というニュアンスを伴う場合があります。

"Well done is better than well said."「行動は雄弁に勝る」[ベンジャミン・フランクリン（Benjamin Franklin）、政治家・科学者]

▶「うまくできたという結果のほうが、すぐれた言葉よりもよい」というのが直訳。

"Fear of failure is the father of failure."「恐怖心が、失敗を生み出している」(作者不詳)

▶ fearのfとfatherのfが頭韻（alliteration）を踏んでいて、語調のいい格言になっていますね。メンバーを励まして、失敗を恐れずにチャレンジさ

せたいときなどに使ってみましょう。

"We make progress if, and only if, we are prepared to learn from our mistakes."「失敗から学ぶ準備ができているときのみ、進歩することができる」［カール・R・ポッパー（Karl R. Popper）、哲学者］
- ▶ この if, and only if というのは論理学の用語で、「…という条件の場合のみ」という意味を表します。失敗しても、そのときに「失敗から学ぶ準備」が整っていなければ、結局なんの意味もないという格言です。日頃からそのような姿勢を持つことの重要性を説く場合に使ってみましょう。

"The door of opportunity is opened by pushing."「チャンスの扉は押すことによって開く」（作者不詳）
- ▶「押さなければ開かないのは当たり前じゃないか！」などと怒らないでくださいね。チャンスをつかむ扉が目の前にあっても、それを開かないかぎり、チャンスはやって来ません。チャレンジし続けることの大切さを説いた格言です。

"Victory is sweetest when you have known defeat."「勝利の味は、敗北を知っていてこそ最も甘美なのだ」［マルコム・フォーブス（Malcolm Forbes）、『フォーブス』誌元発行人］
- ▶ 何の苦労もなしに勝ち取った勝利よりも、敗北の屈辱を経て、苦労に苦労を重ねてやっと手に入れた勝利のほうが、当然喜びも大きいですよね。

4
「アドバイザー」としての表現

　目標に向かってメンバーやチームを力強く引っ張っていくことも大事ですが、ときには一歩退いて、冷静な目でメンバーに「アドバイス」を与えることも、チームリーダーの重要な役割です。

　第三者的な視点でチームを見ること、これもチームリーダーにとって欠かせない要件です。効果的な助言となるフレーズを見ていきましょう。

1. コツを示す

✥ ヒントを与える

❶ XXX is more efficient than YYY.

Excel is more efficient than Word for preparing such documents.

こういった書類を作成するときには、ワードよりもエクセルを使ったほうが効率がいいよ。

❷ Maybe you should...

Maybe you should proofread documents before printing them out.

印刷する前に、間違いがないか、読み直しておいたほうがいいよ。

✥ 仕事のコツを教える

❸ It's better to...

Sometimes it's better to think outside the box. You might be able to make a strong impression on the clients.

既成概念にとらわれないほうがいい場合もあるよ。クライアントに強い印象を与えられるかもしれないからね。

❹ Be sure to..., so that...

Whenever you make your work schedule, be sure to make an allowance of two or three

第4章◆「アドバイザー」としての表現

days, so that you can make up for a delay in case something comes up.

仕事のスケジュールは2～3日の余裕を持って組んでおくといい。そうすれば、トラブルが起きたときにも、遅れを出さずにすむからね。

❖ 金言を引用する

❺ Just like in the saying...

<u>Just like in the saying</u> "To err is human, to forgive divine," everyone makes mistakes, so there's no need to be so depressed.

「過ちは人の常、許すは神の業」という言葉にもあるように、人間は誰でも過ちを犯すものだから、そんなに落ち込まなくてもいいよ。

---

❶や❸は、「より良い方法」を示すために使う定番パターン。当然、比較級を使います。❷のように、you should の前にmaybeを置くと、押しつけがましい印象を弱めることができるので効果的です。❸のthink outside (of) the boxは、「既成観念（という入れ物）にとらわれない」ということ。ちなみに「常識にとらわれすぎる人」のことを、in-box-thinkerと呼ぶこともあります。❹のallowanceは多義語ですが、ここでは「余裕」「手加減」という意味で使っています。他にも「許容量」「小遣い」などの意味があります。❺はヒントとして金言を引用するパターンですが、第2～第5章の各章末のコラムに、引用してみたい金言を載せましたのでご参照ください。

89

2. 有用な情報源を示す

❖ 有用な情報ソースを与える

❶ I think you should put a bookmark on it.

You can get all sorts of information from this website. I think you should put a bookmark on it.

このウェブサイトに行けば、役立つ情報がいろいろと手に入るよ。「お気に入り」に入れておくといいよ。

❷ This book will give you in-depth information on...

This book will give you in-depth information on how to draw up contracts.

この本を見れば、契約書の作成方法について詳しいことが載っているよ。

❸ XXX is the right person to ask about...

Mr. Yamada of the Materials Department is a 20-year veteran, so I think he's the right person to ask about such a special material as this.

資材課の山田さんは20年来のベテランだから、こういう特殊な素材について尋ねるのには、最適な人だと思うよ。

第4章◆「アドバイザー」としての表現

❖ 調べ方を教える

❹ Why don't you look it up at...?

It's difficult to get your hands on that book. <u>Why don't you look it up at</u> the National Diet Library? You can read any book there.

その本はなかなか手に入らないんじゃないか？ 国会図書館で調べてみたら？ どんな本でも閲覧できるよ。

❺ If you go to..., you can...

<u>If you go to</u> this website, <u>you can</u> easily get information on products from other companies. By typing in the product numbers, you can download the corresponding catalogs in PDF format.

このサイトに行けば、他社の製品の仕様についても簡単に調べることができるよ。製品番号を入力すれば、対応するカタログのPDFをダウンロードできるんだ。

---

❶のput a bookmarkは、実際に本に「しおり」を挟むという意味もありますが、ここではブラウザの「お気に入りに追加する」という意味で使っています。bookmarkは同じ意味の動詞としても用います。❷はいわゆる「無生物主語」になっています。in-depthは「詳細な」「徹底した」です。❹のlook upは「本などで調べる」という意味です。

3. いろいろな問題を示す

❖ 具体的な問題点を示す

❶ There's a big problem with that plan.

There's a big problem with that plan. The time and budget are all right, but there simply aren't enough people because they are busy working on other projects.

その計画には大きな問題があるね。時間や予算は問題ないけれど、人員が完全に不足しているよ。今はそれぞれの仕事を抱えて忙しいからね。

❷ It seems to be lacking in practicality.

You have a really good idea, but it seems to be lacking in practicality. The costs would be too high.

素晴らしいアイデアだとは思うけど、現実味に乏しいよ。コストがあまりにもかかりすぎる。

❸ Don't just...

Don't just take instructions. Sometimes you need to speak out and offer ideas.

ただ指示を受けるだけではなく、ときには自分から発言してアイデアを出さないとダメだよ。

第4章◆「アドバイザー」としての表現

❖ 問題点に気づかせる

❹ Do you know what the problem is? Think about it for a bit.

The proposal you submitted has room for improvement. <u>Do you know what the problem is? Think about it for a bit.</u>

君の出した企画書だけど、改善の余地があるね。どこだか分かるかな？ 少し考えてみてくれ。

❖ 問題点を一緒に考える

❺ Let's look at each of the problem areas.

Honestly speaking, your proposal seems impracticable. <u>Let's look at each of the problem areas.</u>

君の企画書は、正直言って実現性が低いように思われるね。問題点を1つずつ確認してみようか。

---

❶は、There's a big problem with that plan. の代わりに、That plan has a big problem. のように言うこともできます。❷の The costs would be too high. は仮定法で、「もしそのアイデアを実行したら、コストがかかりすぎてしまうだろう」という意味を表しています。❹は、I'd like you to think about where the problem is. などと言ってもいいでしょう。❺は Let's look at the problem areas one by one. と言うこともできます。なお、impracticable とは「実現できない」(unlikely to be realized) という意味です。

4. 聞く姿勢を示す

❖ 合いの手を打つ

❶ I'm listening.
I'm listening.

ちゃんと聞いているよ。〈興味を持っていることを相手に示す〉

❷ Sounds good to me.
Sounds good to me.

いい考えだね。〈同意や承諾を示す〉

❸ Couldn't agree more.
Couldn't agree more.

まったくその通りだね。〈完全に同意していることを示す〉

❹ Likewise.
Likewise.

同じく。〈フォーマルに〉

❖ 話を促す

❺ Tell me more.
Tell me more. Then what did you do?

もっと話してみて。それから、どうしたの？

第4章◆「アドバイザー」としての表現

❻ Go on, go on.

Go on, go on. This is truly interesting.

話を続けて。実に興味深い話だね。

❼ And then?

And then?

それからどうなった？

❖ カジュアルな合いの手

❽ You got that right.

You got that right.

その通り。

❾ Same here.

Same here.

右に同じ。〈相手の発言に対して〉

---

❶〜❹は、メンバーに対して「話を聞いている」「納得している」「同意している」ことを示すための表現です。❷と❸は、それぞれThat sounds good to me. / I couldn't agree more.の略で、主語が省かれています。❺のTell me more.は、相手に先を促すだけでなく、詳しい情報を聞きたい場合などにも用います。❽と❾は、かなりカジュアルな合いの手になります。❾に近い表現には、Ditto. / Ditto to that.もあります。

5. 経験に基づいたアドバイスをする

❖ 自分の経験を話す

❶ I dealt with it this way.

When I first joined the company I made the same mistake that you did. At the time, I dealt with it this way.

僕が入社したばかりのときの話なんだけど、君と同じような失敗をしたことがあるんだ。そのときはこんなふうに対処したんだよ。

❷ This is something I experienced myself.

This is something I experienced myself. I got into a fight with an important client, which naturally put us at odds with them. But, after reconciliation, our ties deepened. You know, as the saying goes, "After a storm comes a calm."

これは私自身が経験したことなんだけど、大切なクライアントとケンカをしてしまって、当然のように関係が悪くなってしまったんだ。でも和解した後は、絆はかえって深まった。ことわざにもあるように、「雨降って地固まる」というやつだね。

❖ 経験から予測する

❸ A similar thing happened before.

XYZ company is likely to be preparing to set up

第4章◆「アドバイザー」としての表現

a new department. <u>A similar thing happened before.</u>

XYZ社は、おそらく新しい部署を立ち上げる準備をしているんじゃないかな。前にも似たようなことがあったからね。

✥ 「勘」に基づいて話す

❹ **I probably feel this way because of my many years of experience, but...**

<u>I probably feel this way because of my many years of experience, but</u> I think we will see a V-shaped economic recovery next year, and this department is likely to get better business results.

長年の経験から来る勘なんだが、来年には景気もV字回復して、この部署の営業成績も少しは上がっていくんじゃないかな。

❶のthis wayは「こんなふうに」「このようなやり方で」。あとに具体的な内容が続きます。❷のThisも同様で、あとに具体的な内容が示されています。なお、「勘」「予感」はhunchと言います。have a hunch that...で「…だという予感がする」という意味になります。hunchの代わりにhumpも用います。

6. 反対意見を述べる

❖ 同意できない点を示す

❶ There is one thing I don't seem to understand.

There is one thing I don't seem to understand. Why is the work outsourced to XYZ Company and not ABC Company?

1つだけ納得できない点がある。どうして、ABC社ではなく、XYZ社に仕事を外注するのかな？

❷ I understand your opinion very well, but I beg to differ on a few points.

I understand your opinion very well, but I beg to differ on a few points.

君の意見はよく分かったけど、どうしても同意しかねる点がいくつかあるね。

❖ ソフトに反論する

❸ I think that plan is a bit unreasonable.

May I be allowed a moment to share my opinion with you? I think that plan is a bit unreasonable.

少しだけ私の意見を言わせてもらってもいいかな？ その計画には少し無理があると思うよ。

❹ I don't entirely disagree, but...

I don't entirely disagree, but there are a few parts that I can't concur with. I will explain these points now.

全面的に反対するわけじゃないけど、賛成しかねる部分も少しあるな。それについて説明させてもらうよ。

❖ 反論する理由を示す

❺ I can't agree with your suggestion because...

I can't agree with your suggestion because ABC Company did the same thing two years ago, and it was a colossal failure.

君の提案には反対だね。なぜかと言えば、同じようなことをABC社が2年前にやって、大失敗しているからだ。

---

❶は、I don't seem to understand. とすることにより、I don't understand. よりも、かなりソフトな印象になっています。「XYZ社に外注する」はXYZ had been chosen to be the subcontractorのように表現することもできます。❸は、I think that plan is a bit of a stretch. と表現してもいいでしょう（stretchは「こじつけ」「無理やり」というニュアンス）。❹のconcurはagreeの同義語です。❺のa colossal failureは「大失敗」というニュアンスです。

7. 忠告する

✥ アドバイスする

❶ Make sure to...

<u>Make sure to</u> go over the figures one more time before sending out a quotation. If the figures are wrong, there will be severe consequences.

見積もりを出す前には、必ず数字をもう1回チェックするようにね。数字が間違っていたら、致命的だよ。

❷ Let me give you some advice.

<u>Let me give you some advice.</u> No matter how bad an attitude a customer has, you ought to serve them with sincerity. If you continue to show your sincerity, the customer's attitude will also begin to change.

ちょっとアドバイスさせてもらうけど、どんなに態度の悪い顧客でも、誠意をもって応対すべきだ。誠意を見せ続ければ、相手の態度も必ず変わってくるよ。

❸ Just take my word for it.

<u>Just take my word for it.</u> You should take what he says with a grain of salt. He always exaggerates his problems.

いいかい、彼の話はまともに聞いちゃダメだ。いつも大げさに言うクセがあるからね。

第4章◆「アドバイザー」としての表現

❖ 諫(いさ)める

❹ You need to settle down a bit.

I understand that you would like to conclude this transaction, but <u>you need to settle down a bit</u>.

取引を成立させたい気持ちは分かるけど、もう少し落ち着いたほうがいいよ。

❖ 友人として忠告する

❺ I say this as your friend.

<u>I say this as your friend</u>: you should hand in daily reports before the day ends. If you don't, they will gradually pile up.

これは友人としての忠告だけど、日報は、その日のうちに出してしまったほうがいいよ。そうしないと、どんどんたまっていってしまうからね。

---

❷や❸は命令文になっています。リーダーからアドバイスするときには、このように命令文の形になることがよくあります。なお、adviceは不可算名詞なので、❷にも出ているようにsome adviceという形をよく使います。❸のwith a grain of saltは、イギリス英語ではwith a pinch of saltと表現します。❹の「少し落ち着いたほうがいいよ」は、We should slow things down a bit. と表現する手もあります。

101

8. 説得する

❖ 背中を押す

❶ Why don't you just give it a shot?

You seem to be really worried about your transfer to our Mumbai factory. <u>Why don't you just give it a shot?</u> You are still young, and you should accumulate a broad range of experiences.

ムンバイ工場への転勤の件、ずいぶん悩んでいるようだが、思い切って行ってみたらどうだい？ まだ若いんだし、いろいろな経験を積んだほうがいいよ。

❖ 説き伏せる

❷ I understand that you want to..., but...

<u>I understand that you want to</u> remain in the Marketing Department, <u>but</u> your transfer to the Sales Department was an order from above. I'm sorry, but the decision can't be overturned.

君がマーケティング部に残りたいという気持ちはよく分かる。でも、営業部への異動は上からの業務命令なんだ。申し訳ないが、決定はもう覆せないよ。

❖ 思いとどまらせる

❸ Would you reconsider your decision?

You're a very valuable employee and we would suffer if you left. <u>Would you reconsider your de-</u>

第4章◆「アドバイザー」としての表現

cision?

君はウチの会社にはなくてはならない人材だから、辞めてもらっては困る。なんとか考え直してはもらえないか？

❹ It's advisable to...

Certainly, ABC Company has delayed payment a number of times before, but we should wait a while before we start to demand payment. <u>It's advisable to</u> maintain our friendly relations.

たしかにABC社は支払遅延がこれまでにも何度かあった。でも、督促は、もう少し待ってはどうかな。友好な関係を維持したほうが得策だと思うんだ。

---

❶は Why don't you just boldly take the challenge? と言うこともできます。boldly は「勇敢に」という意味なので、「勇気を出してやってみたら？」というニュアンスになります。❷は I understand..., but... という相関構文ですが、I understand... が出た時点で、あとに「ですが…」という「逆接」の内容が来ることが予想できます。❸「辞めてもらっては困る」は、他にも ...and we would be sorry to see you go. のように表現することも可能です。

9. 現実を直視させる

❖ 認識の甘さを指摘する

❶ That's what they call wishful thinking.

I had a look at your plan document. I think no designer can finish the design of a website in only one week. That's what they call wishful thinking.

君の作った計画書を見せてもらったけど、ウェブサイトのデザインをたった1週間で仕上げてくれるデザイナーなんていないと思うよ。現実はそんなに甘いもんじゃないぞ。

❷ XXX is not easily fooled.

Mr. Tanaka of ABC is a tough negotiator, so it won't be easy to close a deal with him. You know, he is not easily fooled.

ABC社の田中さんは手強い交渉相手だから、仕事を取るのは大変だよ。彼はそんなに甘くないぞ。

❖ 現実を認識させる

❸ It's time you faced the facts.

It's time you faced the facts. You know you can't make it alone, so you need to get help from others.

そろそろ現実を見たらどうかな。1人ではできないんだから、他の人たちに助けてもらわないと。

第4章◆「アドバイザー」としての表現

❹ That's the truth.

We only have five days before the deadline. That's the truth. I want every one of you to do your best.

締め切りまであと5日しかない。それが現実だ。君たち1人ひとりに最善を尽くしてもらいたい。

❺ Get your head out of the sand.

How can we increase our sales by 50%? Get your head out of the sand.

売り上げを50%増やすなんて、できるわけがないじゃないか。現実を見ろよ。

❖ 不可能であることを思い知らせる

❻ Don't be silly. How can we...?

Don't be silly. How can we proceed with three projects simultaneously?

バカ言うな。どうやって、3つのプロジェクトを同時に進行させるって言うんだ？

---

❶のwishful thinkingとは「希望的観測」、つまり事実に基づかない、単なる願望であるということ。❸のface the factsは、face up to the factsと言うこともできます。❹のThat's the truth.の代わりに、That's reality.と言うこともあります。That's life.なら「これが人生さ」「世の中そんなもんだ」という意味になります。❻のHow can we...?は「どうやったらできるのか」ではなく、反語的に「できるわけない」という意味を表しています。

105

10. 苦言を呈する

❖ 本当は言いたくないことを示す

❶ I don't mean to be too hard on you, but...

I don't mean to be too hard on you, but this report doesn't make any sense to me. Rewrite the whole thing again, will you?

本当はあまりきついことは言いたくないんだけど、この報告書は支離滅裂でまったく分からない。頭から書き直してくれ。

❷ This is difficult for me to say, but...

This is difficult for me to say, but you really should work out this problem. I can't let you sweep it under the rug.

ちょっと言いにくいことなんだけど、この問題はきちんと解決すべきだよ。適当にごまかすなんてことは許されないよ。

❖ 一度ほめてから苦言を呈する

❸ Thank you. However, you missed...

You did very well on the quality control manual. Thank you. However, you missed the deadline. From now on, be careful with your schedule management.

君の品質管理マニュアルはとてもいい出来だった。あ

第4章◆「アドバイザー」としての表現

りがとう。でも、締め切りを過ぎたのは問題だ。今後はスケジュール管理にも注意するようにね。

❖ あえて苦言を呈する

❹ As the team leader, there is something I have to say to you.

<u>As the team leader, there is something I have to say to you.</u> You have a bit of a selfish side, and you have to acknowledge the value of cooperating with your co-workers.

チームリーダーとして、これだけは言わせてもらうよ。君には、少し自分勝手すぎるところがあるよ。もっと、周りとの協調性を重んじるようにしないとダメだな。

---

❶の don't mean to... は「…するつもりはない」というニュアンス。❷は This is difficult for me to say, but... の代わりに、もちろん This is hard for me to say, but... でも OK です。sweep...under the rug は「きちんと掃除しないで、ゴミをじゅうたんの裏に入れてごまかす」ということから、「不都合なことを避けて通る」という意味になります。❹の I have to say to you は、I need to say to you とするよりも、「言いたくないけど、言わざるをえない」というニュアンスを込めることができます。

Column 4　ビジネス金言③「前向きな姿勢」編

前向きな姿勢で仕事するために、参考になりそうな金言をいくつか集めてみました。

"Find something you love to do and you'll never have to work a day in your life."「やりたいことを見つけなさい。そうすれば、一生『働く』必要がなくなりますよ」[ハーヴィ・マッケイ（Harvey Mackay）、『ビジネス人間学』で知られる事業家]
　▶「仕事を楽しみなさい」ということですね。

"Don't find fault; find a remedy."「粗探しではなく、救済する方法を探しなさい」[ヘンリー・フォード（Henry Ford）、フォード・モーター創設者]
　▶足の引っ張り合いよりも、助け合うことの大切さを説いた一言。チームをまとめ上げるときに、こんな金言を示してみては？

"Keep a smile on your face till 10 o'clock and it will stay there all day."「10時まで笑顔を絶やさないようにしよう。そうすれば、一日中笑っていられるから」[ダグラス・フェアバンクス（Douglas Fairbanks）、俳優・プロデューサー]
　▶「笑う門には福来る」といったところでしょうか。

"All our dreams can come true, if we have the courage to pursue them."「すべての夢は叶う。それらを追い続ける勇気さえあれば」[ウォルト・ディズニー（Walt Disney）、ウォルト・ディズニー・カン

パニー創設者]
- ▶ Walt Disneyは"If you can dream it, you can do it."「夢を描くことができれば、実現できる」という言葉も残しています。

"The more we do, the more we can do."「やればやるだけ、さらにできるようになる」[ウィリアム・ハズリット（William Hazlitt）、評論家]
- ▶ 努力の大切さを説くときなどに。

"The best way to change the world is to change yourself."「世界を変える最善の方法は、自分自身を変えることである」（作者不詳）
- ▶ つまり、「自分自身を変えることが大切である」ということです。前向きな考え方ですね。

"If fate hands you a lemon, try to make lemonade."「運命があなたにレモンを手渡すのなら、レモネードを作りなさい」（作者不詳）
- ▶「レモンを与えられる運命ならば、レモネードを作ればいい」ということです。つまり、運命によって与えられた現実に対して、最善の努力をすることが大切だと説いています。

"The time to relax is when you don't have time for it."「そうする時間がないときこそ、休むべきだ」[シドニー・J・ハリス（Sydney J. Harris）、作家]
- ▶ 忙しくしているメンバーに対して、こんな一言をかけて、休むことを勧めてみてはいかがでしょうか。

"Work like you don't need the money, love like you've never been hurt, and dance like you do when nobody's watching."「給料などいらないかのごとく働き、傷ついたことなどなかったかのごとく愛し、誰も見ていないかのごとく踊れ」(作者不詳)

- ▶ これは、仕事や人生が退屈でしかたがないと感じている人に対するアドバイスとなります。「このような前向きな考えを持てば、仕事や人生は楽しくなるよ」という意味なのです。

"Thinking is not doing."「考えているだけではだめだ」(作者不詳)

- ▶ NIKEのコマーシャルで、"Just do it."「とにかくやってみよう」というフレーズが使われていましたが、これに似たニュアンスの格言です。ただ考えているだけでは、not doing「していない」のと同じことだ、という意味です。

"No one can make you feel inferior without your consent."「あなたの同意なしに、誰もあなたに劣等感を抱かせることはできない」[エレノア・ルーズベルト（Eleanor Roosevelt）、著述家・アメリカ第32代大統領夫人]

- ▶ without your consent「あなたの同意なしに」というのは、ここでは「あなたがそのように思わなければ」というニュアンス。自分が劣っていると決めつけてしまうことに対する警句です。

5
メンバーをほめて伸ばすための表現

「日本人はほめるのが下手だ」などとよく言われます。文化の違いもあるでしょうが、一般に欧米人は相手をほめるのが上手なようです。

「ほめる技術」は、リーダーにとって欠かせないものの1つです。メンバーの自尊心をくすぐり、長所を引き出すように「うまくほめる」言い方を見ていきましょう。

1. 仕事をほめる

❖ 仕事のやり方をほめる

❶ You do your work fast and accurately.

You do your work fast and accurately, Eli. Keep it up.

イーライは、本当に仕事が速くて正確だね。これからも、この調子でよろしく頼むよ。

❷ You take extra care with everything.

You take extra care with everything. I'm impressed.

君はすべてに細心の注意を払うんだね。感心するよ。

❖ 仕事の成果をほめる

❸ That's because of your effort. I'm so proud of you.

The sales for our team last month were the highest among all the departments. That's because of your effort. I'm so proud of you all.

わがチームの、先月の売り上げは、全営業部の中でトップだったよ。みんなの努力のおかげだ。君たち全員のことをとても誇りに思うよ。

❹ It was really worth the effort.

The event you'd planned turned out to be a great

第5章◆メンバーをほめて伸ばすための表現

success. It was really worth the effort.

君の企画したイベントは、大成功だったね。努力した甲斐があったね。

✤ 他者と比較する

❺ XXX is better than YYY.

The proposal you handed in is better than the ones handed in by anyone else.

君の出した企画は、他の誰のものより優れているよ。

❻ XXX was the best.

Jake, your sales record for last month was the best in this section. Keep up the good work.

ジェイク、君の先月の営業成績は、部署のナンバーワンだったよ。この調子で、これからも頑張ってくれ。

---

❶は、差し障りのないほめ言葉としてよく使います。Keep it up. の代わりに、I hope you will keep up this pace. などと言ってもよいでしょう。❹のworth the effortは「努力しただけの価値がある」というニュアンスです。❻は、the bestの代わりに、Your sales record for last month was number one. と言うこともできます。

113

2. 良い資質をほめる

❖ 長所を指摘する

❶ Your strong point is...

Your strong point is that you always work hard.

君の素晴らしさは、常に一所懸命なところだね。

❷ You're really good at...

You're really good at picking up new skills, Jonah. You just learned how to operate this software, and now you're almost an expert.

ジョナ、君は仕事のコツをつかむのが本当に早いね。このあいだソフトの操作方法を覚えたばかりなのに、もうほとんど完璧に使いこなせているからなあ。

❖ 長所を列挙する

❸ XXX has a strong sense of..., and...

Suzuki-san has a strong sense of responsibility, and with his experience on the floor, he also has some strong skills.

鈴木さんは責任感が強いし、それに何よりも現場で培った経験に基づく確かな能力があるね。

❖ 長所と短所を同時に示す

❹ What I like about you is that... But there are some areas you could work on.

第5章◆メンバーをほめて伸ばすための表現

What I like about you is that you're upfront, trusting and always sincere. But there are some areas you could work on. Sometimes you need to doubt people and take a leadership role.

君のよいところは、素直で、相手を信頼し、誠意をもって対応することだ。しかし、もう少し努力したほうがいい点もいくつかあるな。相手を疑ったり、君自身が指導力を発揮することも、ときには必要だよ。

❺ The only problem I have with you is..., but you do...

The only problem I have with you is that you're always late for meetings, but you do have some good things to say. Coming on time will really help your reputation.

君の唯一の問題は、いつも会議に遅刻することだ。会議では有益な発言をしてくれているのだから、定刻に来るようにすれば、周りの印象もずっとよくなるよ。

---

❶は The thing I like about you is that you're always trying. と言うこともできます。なお「一所懸命」を work hard と表現していますが、ここで ...is that you always make an effort としてしまうと、「いつも、まあ最低限の努力はするからね」というニュアンスになってしまいます。❷は You're pretty good at learning new things. You're already an expert with this software. のように言ってもいいですね。❸の on the floor は「工場などの現場」を指します。

115

3. 期待を表明する

❖ 期待していることを伝える

❶ We have high expectations for you. Good luck.

You're the first new employee we've had in this department for a long time. <u>We have high expectations for you. Good luck.</u>

久しぶりにウチの部に配属された新入社員だから、みんな、君には期待しているんだ。頑張ってくれよ。

❷ I'm sure you'll be able to...

I saw the test you took during orientation. You did exceptionally well. <u>I'm sure you'll be able to use your skills in your job.</u>

研修で受けたテストの成績を見せてもらったけど、君の成績はとても優秀だったよ。そのスキルを、現場でも十分に発揮してくれることを期待しているよ。

❖ 他者が期待していることを伝える

❸ XXX gives you high marks.

I just met Kobayashi-san in Sales. <u>He gives you high marks.</u> He even said he'd like to steal you from us.

さっき営業の小林さんに会ったよ。君のことをずいぶん買っているようで、「うちの部にほしい人材だ」とまで言っていたよ。

第5章◆メンバーをほめて伸ばすための表現

❹ XXX is expecting a lot from...

<u>The board of directors is expecting a lot from this project team.</u> We have to work hard together so we don't let them down.

役員会は、我々のプロジェクトに大きな期待を寄せている。期待に応えられるように、一丸となって頑張っていこう。

❖ 自尊心に訴える

❺ I'm sure I can count on you.

Don't worry, you're our best programmer. <u>I'm sure I can count on you to meet the deadline.</u>

大丈夫、君ほど優秀なプログラマーはいないから、確実に納期に間に合わせられる。期待しているからね。

---

❶の「久しぶりにウチの部に配属された…」は、少しユーモラスに We've been looking forward to seeing you for a long time.「君のことをずっと待っていたよ」と表現することもできます。❸の steal は、ここでは「引き抜く」というニュアンスで使っています。また、He gives you high marks. は、He seems to think a lot of you. と言っても OK です。❹の expect a lot from... は「…から多くのものが出てくるのを待っている」→「大いに期待している」というニュアンスのフレーズです。

117

4. 相手を認める

❖ 仕事の功績を認める

❶ It was your effort that made it possible for us to...

It was your effort that made it possible for us to get the XYZ account.

今回、XYZ社と無事に契約を結ぶことができたのは、君の努力の賜物だよ。

❷ I'd like to recognize XXX.

Thanks to each of you, we easily cleared our sales quota. I know this is due to everyone's hard work, but I'd especially like to recognize Judy.

今回、わが部は営業のノルマを余裕でクリアできた。もちろん、これは全員の努力のおかげだが、その中でも、ジュディの功績には特に感謝したい。

❖ 信頼を示す

❸ With your experience, I'm sure you can decide by yourself.

You don't need to check with me on things like that. With your experience, I'm sure you can decide by yourself.

そんなことまで、いちいち私に確認しなくていいよ。もう君ほどになれば、自分で正しく判断できるだろう。

第5章◆メンバーをほめて伸ばすための表現

❖ 「一人前」だと認める

❹ You're a full-fledged XXX now.

Without any help, you got that contract. You're a full-fledged sales agent now.

サポートなしに自分1人で契約を取ってこられたね。これで君も一人前の営業マンだ。

❺ There's nothing else I can teach you about...

There's nothing else I can teach you about programming.

プログラミングに関して言えば、もう君に教えることは何もないよ。

---

❶は仮定法を使って、Without your effort, we would have never been able to get the XYZ contract. と言うこともできます。❷の後半は、There's one person—Judy—to whom I'm especially grateful. のように言ってもよいですね。❹の「営業マン」は、sales person / account representative / sales rep などいろいろな言い方があります。また、full-fledged は「羽毛の生えそろった」が原義で、「もう大人である」というニュアンスの表現です。❺は、Now you know everything I know. や、There's nothing else to teach you. などの表現を用いることも可能です。

5. ファッションをほめる

❖ 服装をほめる

❶ I really think you have a very good sense of style.

That's a nice necktie. I really think you have a very good sense of style.

そのネクタイ、いいね。君って服装のセンスが抜群だね。

❷ They suit you very well.

Wow, cool shoes. They suit you very well.

へえ、かっこいい靴だね。とてもよく似合ってるよ。

❸ That's a nice XXX you're wearing.

Hey! That's a nice shirt you're wearing.

おっ、いいシャツを着てるじゃないか。

❹ XXX looks good on you.

Nice tie! Blue looks good on you.

いいネクタイだね。君は青が似合うよ。

❖ 髪形に触れる

❺ Did you change your hairstyle?

Did you change your hairstyle, Indira? I think it

really suits you.

インディラ、髪形を変えたのかい？ とてもよく似合っていると思うよ。

❻ Your hairstyle today is different from your usual one.

Your hairstyle today is different from your usual one. You look good today too.

今日は、いつもと髪形が違うんだね。今日のも、なかなかいいと思うよ。

❼ Did you get a haircut?

Did you get a haircut, Robert? You look bright and refreshed.

ロバート、髪の毛を切ったのかな。すっきりして、印象もさわやかになったんじゃない？

---

　❷は、They look good on you. と言うこともできます。❸のyou're wearingの部分は省略可能です。なお、この部分を入れ替えて、That's a nice shirt you have on. もよく使います。❺は、I think it really suits you. の代わりに、I think you look good. と言ってもよいでしょう。❼は、Did you get a haircut? の他にも、Is that a new hairstyle? などと言うパターンもあります。なお、髪の毛については触れてほしくない女性もいるかもしれません。セクハラになるような発言は、避けたほうが無難でしょう。

6. 持ち物をほめる

❖ 持ち物をほめる

❶ Your XXX is very trendy.

Ms. Tanaka, your bag is very trendy. It's a really beautiful color.

田中さん、とてもおしゃれなバッグだね。すごくきれいな色だ。

❷ What a cool design!

Where did you buy those glasses? What a cool design! I'm actually thinking about having a new pair of glasses made, but I haven't found a good shop.

そのメガネ、どこで買ったの？ すごくおしゃれなデザインだね。実は僕、メガネを新調しようと思っているんだけど、なかなかいい店が見つからなくてね。

❖ 持ち物に関心を示す

❸ Can you tell me where you got it?

That's a beautifully tailored suit. Can you tell me where you got it?

そのスーツ、仕立てがいいね。どこで買ったのか教えてくれない？

第5章◆メンバーをほめて伸ばすための表現

❹ What brand is it?

Oh, that's a really nice fountain pen. <u>What brand is it?</u>

おっ、かっこいい万年筆だね。どこのブランド?

❖ 最新型であると指摘する

❺ XXX is the latest YYY model, isn't it?

Mr. Suzuki, <u>your cell phone is the latest Apple model, isn't it?</u> I wish I had one. How is it? Is it easy to use?

鈴木さん、その携帯電話、アップルの最新型でしょ? うらやましいなあ。どう? 使いやすい?

❻ That's the XXX that went on sale recently, right?

<u>That's the latest cell phone model that went on sale recently, right?</u> I'm thinking about buying one, too.

それって、最近発売された最新型の携帯だよね。僕も買おうと思っていたんだよ。

---

❶と❷で使っているtrendyやcoolという形容詞は、いずれも「かっこいい」「おしゃれ」というプラスイメージです。stylishやfancyなどの形容詞も、同様によく用います。❺や❻で挙げたように、特に電子機器などの場合、「最新型である」ことを指摘すると、それがその人にとって最高のほめ言葉になることがよくあります。

Column 5 ビジネスリーダーたちの金言

世界を代表するビジネスリーダーたちの金言にも耳を傾けてみましょう。「チームリーダー」の最たるものですので、彼らの言葉は大いに参考になります。

☐ Larry Page
"We don't have as many managers as we should, but we would rather have too few than too many."
「わが社のマネジャーの数は多くはないが、多すぎるよりは少なすぎるほうがよい」

▶ Larry PageはGoogleの創業者の1人です。

☐ Steve Jobs
"Innovation distinguishes between a leader and a follower."
「新しいアイデアは、リードする者と追う者とを区別する」→「新しいアイデアを持つか否かで、先導者になるか、追随者になるかが決まる」

▶ AppleのCEO。"leader"は業界での「トップ企業」の意味ですが、「リーダーは常に新しいアイデアを求め続けるべきだ」という意味にも取れます。

☐ Mary Kay Ash
"Sandwich every bit of criticism between two thick layers of praise."
「称賛という2枚の分厚いパンの中に、批判という細かい具を挟みなさい」

▶ Mary Kay Cosmeticsの創業者。

6
モチベーションを高めるための表現

リーダーは、メンバーのやる気を引き出すために、ありとあらゆる手段を講じなければなりません。この章では、そうしたフレーズを見ていきます。

前章で見た「ほめる」テクニックと併用すれば、確実にメンバーのやる気を引き出し、チーム全体の士気を高めて、プロジェクトを成功へと導くことができるでしょう。

1. 士気を高める

❖ 鼓舞する

❶ Since we have gotten this far, we're almost half way through.

We're almost through with the test program. Since we have gotten this far, we're almost half way through. Hang in there!

ようやくテストプログラムがほぼ完成した。ここまでくれば山を越したも同然だ。頑張ろう！

❷ Keep your chin up!

We've been working five hours of overtime every day for over a month. You may feel like we are on death row, but let's not get frustrated. Keep your chin up!

みんな1カ月以上、毎日5時間を超える残業を続けていて、まるで死刑囚のような気分かもしれないが、くじけるなよ。希望を持って頑張ろう！

❖ チームとしての団結を図る

❸ Let's try our best to achieve our common objective.

I know everyone is busy with their own work, but let's try our best to achieve our common objective.

みんなそれぞれに仕事を抱えて忙しいと思うけど、同

第6章◆モチベーションを高めるための表現

じ目標に向かって力を合わせ、ベストを尽くそう。

❖ もうひと踏ん張りさせる

❹ We need to focus and work hard in the remaining time.

We have only three days to the release of the prototype, so we need to focus and work hard in the remaining time.

試作品を送り出すまであと3日だ。残された時間、集中して作業していこう。

❺ We're almost there, so let's make one last effort.

The exhibition we're been preparing for these past three months is finally going to be held next week. We are almost there, so let's make one last effort.

3カ月間準備をしてきた展示会の開催も、いよいよ来週だ。ゴールは目の前だから、もうひと踏ん張りだよ。

---

❶のwe're almost half way through. は、「ほぼ半分終わった」ということで、「仕事が山を越した」というニュアンスで使います。❷のdeath row は「死刑囚監房」。on death row で「死刑執行を待っている」という意味になります。いわゆる「デスマーチ」状態ですね。focus は「重要なことを選択して集中する」というイメージで、concentrate より前向きな表現です。

127

2. 気合いを入れる

✥ 奮起させる

❶ We need to come to grips with the situation.

We're starting to get behind schedule on the project. At this rate, we won't meet the deadline, so <u>we need to come to grips with the situation</u> and increase our speed.

プロジェクトの進行に遅れが出始めている。このままだと納期に間に合わない。この状況を真剣に考えて、スピードを上げて取りかかろう。

✥ 活を入れる

❷ Everyone has been getting kind of lazy lately.

This is hard to say, but <u>everyone has been getting kind of lazy lately</u>. I want each of you to refocus and pull yourself together.

こういうことは言いたくないが、最近、みんな少したるんでいるぞ。気合いを入れ直して、しっかりやってもらいたい。

❸ You need to do better than this.

I know you're tired from all the overtime, but this report has too many careless mistakes. <u>You need to do better than this.</u>

第6章◆モチベーションを高めるための表現

ここのところ残業続きで疲れがたまっているのは分かるけど、この書類にはミスが多すぎる。もう少ししっかりしてもらわなければ困るよ。

❖ 本腰を入れさせる

❹ **You need to get down to business and do your job.**

A month has passed since the end of the new-employee orientation, so I need you to start keeping up with the other workers. <u>You need to get down to business and do your job.</u>

新人研修が終わって、もう1カ月も経っているんだ。そろそろみんなと同じように仕事をしてもらわないと困るよ。本腰を入れて取り組んでもらいたいな。

「気合い」や「活を入れる」という発想は、英語ではあまりなじみのないものですが、だらけた雰囲気を解消することはとても大切です。❶のように、we need to... と「必要性」を認識させることで「気合い」を入れるのが一般的です。❷のkind ofは語調を和らげる働きがあります。❸は、たとえばI need you to do better than this. と言うよりも、相手の自省を促すことになり効果的でしょう。❹のget down to business は「練習はこれまでにして、本番に取りかかる」「本腰を入れる」というニュアンス。

129

3. 重要性を認識させる

❖ 重要であることを説明する

❶ This is a big project for the company, so no mistakes.

This is a big project for the company, so no mistakes.

これは、会社にとって非常に大切なプロジェクトだから、失敗は許されないよ。

❖ 成長への期待を示す

❷ If you can..., you'll be able to stand on your own two feet.

You're still inexperienced, so I know it's not so easy. However, if you can survive this difficult situation, you'll be able to stand on your own two feet.

君は経験が浅いから大変かもしれないけど、この難局を乗り切れば、君も立派にひとり立ちできるよ。

❸ If you try just a little bit harder, our team will receive a good evaluation.

If you try just a little bit harder, our team will receive a good evaluation. I look forward to a better performance this quarter.

君がもっと頑張ってくれたら、チームの株も上がるんだがね。今四半期の君の頑張りに期待しているよ。

第6章◆モチベーションを高めるための表現

❖ 自覚を促す

❹ I'd like you to be more aware that...

It's true your job isn't very exciting. But I'd like you to be a little more aware that what you do is important for our organization.

君のやっている仕事はたしかに地味かもしれない。でも、会社という組織にとっては大変重要なものだということをもう少し自覚してもらわないと。

❺ You need to have a sense of responsibility.

You've been late a lot recently. You have some new subordinates in this department, so you need to act like someone in charge. You need to have a sense of responsibility.

最近、遅刻が目立つぞ。この部には、君の部下も入ったばっかりなんだから、上役として示しがつかないよ。もっと自覚してほしいな。

---

❶の..., so no mistakes はややくだけた言い方です。There's no room for mistakes. 「失敗をする余地はないんだ」ともよく言います。❺は、You need to have a stronger sense of responsibility. と言ってもいいでしょう。「示しがつかない」は日本的な言い方ですが、「上役らしく振る舞う」という意味のact like a superior がほぼ近い意味です。

4. 元気づける

✥ なぐさめる

❶ Well, that's the way it goes. Everyone has these days.

I see. You didn't get even one contract today. Well, that's the way it goes. Everyone has these days. So from tomorrow, get refocused and make a fresh start.

そうか、今日は契約を1つも取ってこられなかったんだね。まあ、仕方ないよ。こういう日もあるからね。明日から、気分一新して頑張れよ。

❷ Don't let it bother you.

I'm really sorry to tell you, but your proposal wasn't approved by the Board. I thought it was great, but that's not how the executives saw it. Don't let it bother you and keep submitting proposals. Just try your very best.

非常に残念だけど、君の企画は、役員会を通らなかった。僕はとてもいい企画だと思ったんだけど、上の判断は違ったようだ。これに懲りずに、またどんどん企画を出してくれよ。「これだ」ってやつをね。

✥ 気にしないように言う

❸ It's not that much of a problem, so don't worry.

第6章◆モチベーションを高めるための表現

I heard you ordered the wrong number of parts. Be more careful the next time. But <u>it's not that much of a problem, so don't worry.</u>

部品の発注数量を間違えたそうだけど、次回からは気をつけてね。大丈夫、それほど大きな問題ではないから、心配しなくていいよ。

❹ Instead of getting down, just use this experience when...

Your proposal for a new product got shot down, but <u>instead of getting down, just use this experience when</u> thinking about your next proposal.

今回の新製品の企画は通らなかったけど、がっかりするなよ。次の企画にこの経験を活かせばいいんだ。

---

❶の That's the way it goes. は「世の中そんなもんだ（だから気にするな）」という意味です。❷の Don't let it bother you. の代わりに、Don't let it get you down. もよく用いられます。どちらも「そんなことでくよくよするな」という意味になります。❸は、「君が考えるほど大きな問題ではないよ」というニュアンス。❹の get shot down は、「撃ち落とされる」ということですが、ここでは「企画が落とされる」の意味で使っています。

5. 障害を取り除く

❖ 成功例を示す

❶ But we've faced situations worse than this, so if everyone focuses, we can do it somehow.

We have to finish everything next week, but we're well behind schedule. This is the worst. But we've faced situations worse than this, so if everyone focuses, we can do it somehow.

来週には完了しなければならないのに、かなりスケジュールが遅れている。最悪の状況だ。しかし、我々は、もっと厳しい状況に直面したことだってあるのだから、みんなで頑張ればなんとかなるはずだ。

❖ サポート態勢を作り上げる

❷ With the help of the team members, you can do it.

It might be difficult for you to carry out this project by yourself. But with the help of the team members, you can do it. I'll also help out.

君1人では、たしかにこのプロジェクトを成し遂げるのは難しいかもしれない。でも、チームのメンバーの助力があれば、きっとなんとかなるはずだよ。もちろん、私も手助けするからね。

第6章◆モチベーションを高めるための表現

❸ Could those with some extra time take on...?

Yamada-san seems to be the busiest right now. <u>Could those with some extra time take on some of his small jobs to lighten his load?</u>

今、うちのチームでは、山田さんの負担がもっとも大きいと思う。細かい仕事は手の空いている人が手伝って、彼の負担を少しでも減らすようにしよう。

❖ 仕事の調整をする

❹ If you feel you're getting buried, please let me know.

I know it's tough for everyone to have multiple projects going at the same time, so <u>if you feel you're getting buried, please let me know.</u> I'll make some adjustments in your workload.

みんな、同時にいくつものプロジェクトを進行させていて大変なことは分かっている。もし無理だと感じたら、私に言ってくれ。調整をするからね。

---

❶に似た表現で、I've seen worse. という口語表現があります。これは「もっと悪いものを見たことがある」という意味で、「まだマシだ（だから悲観するな）」というニュアンスです。❷の最後のhelp out は、ただのhelpよりも積極的に手助けするニュアンスを込めることができます。❹は、I'll make some adjustments in your workload. の代わりにI'll try to make adjustments in the schedule. などとも言えますね。

6. 見返りを提示する

❖ 交換条件を示す

❶ If you could..., I wouldn't mind if...

If you could put all your efforts into the ABC joint project, I wouldn't mind if you had your co-workers do your other work.

ABC社との共同プロジェクトに専心してくれたら、それ以外の仕事は他の人に任せてもいいよ。

❷ If you will..., I can let you...

If you will do that for me, I can let you take the morning off tomorrow.

それをやってくれたら、明日は午後からの出社で構わないから。

❖ 査定について話す

❸ You can be sure it will affect your bonus assessment.

This project will lead to a lot of new sales, so you can be sure it will affect your bonus assessment. I know you'll do a good job.

この仕事は、かなりの売り上げに結びつくものだから、当然、ボーナスの査定にも影響するよ。よい結果を期待しているよ。

第6章◆モチベーションを高めるための表現

✣ 挽回するチャンスを与える

❹ That will make up for your mistake.

You failed to get the ABC contract, but you'll have future chances. If you get the XYZ contract, then that will make up for your mistake. So hang in there.

ABC社との契約を取れなかったのは、マイナスポイントには違いないが、まだまだチャンスはあるよ。XYZ社との契約を成立させれば、その失敗は帳消しになるから、ぜひ頑張ってほしい。

❺ I'll give you until XXX to go back and do a better job.

This proposal is below par. I'll give you until next week to go back and do a better job.

この企画書は標準以下のできだ。来週まで時間をあげるから、もっといいものを作ってきなさい。

---

❶の「他の人に任せる」は、他にも ..., we'll delegate your other work to others. のように we を主語にして「他の人に振ってあげるからね」のように言うこともできます。❸の「ボーナスの査定に大きく影響する」は、It'll have a big impact on your bonus. と言ってもいいでしょう。❺の I'll give you until next Wednesday... は、厳密には文法的に間違った言い方（give の目的語がない）ですが、実際にはネイティブはこのような言い方をよくします。また、below par は「標準以下」という意味です。

Column 6　ビジョンステートメントの実際①

第3章で、会社の「ビジョン」に少し触れました。海外の有名企業ではどのような「ビジョン」を掲げているか、いくつか例を見てみましょう。

□Amazon.com
"Our vision is to be earth's most customer centric company; to build a place where people can come to find and discover anything they might want to buy online."
「私たちのビジョンは、世界でもっとも顧客を重視する企業になること、そして人々がオンラインで買いたいと思ったものなら、何でも見つかる場所を築き上げることです」

□Hewlett Packard
"We recognize and seize opportunities for growth that builds upon our strengths and competencies."
「我々の長所と能力に基づいて生まれる成長の機会を確実にものにします」

□DHL
"Customers trust DHL as the preferred global express and logistics partner, leading the industry in terms of quality, profitability and market share."
「DHLを、質の高さ、収益性、市場占有率において業界をリードするグローバルな配送・物流のパートナーとして、お客様から選んでいただくこと」

7
指導するための表現

　ほめて伸ばすことも大切ですが、メンバーの怠慢や独断専行を叱責し、指導することもリーダーの大切な役目の1つです。
　「アメ」と「ムチ」ではありませんが、ときにはムチを入れることでチームに緊張感が生まれます。
　間違いや欠点を指摘するだけでなく、パワハラやモラハラにならない程度に怒りをあらわにし、メンバーを叱責することも必要なときがあります。

1. 間違いを指摘する

❖ 間違いを注意する

❶ It was a serious mistake, so make sure you don't make any more from now on.

There were wrong digits on the report you handed in the other day. It was a serious mistake, so make sure you don't make any more from now on.

先日君が提出した報告書、数字の桁が違ってたぞ。これは致命的なミスだ。今後は絶対に間違えるなよ。

❷ I can't believe you could make a mistake like that.

I saw the invitation letter you made for the company's 20th anniversary party, and the president's name is wrong. I can't believe you could make a mistake like that.

君の作った創立20周年記念パーティの招待状を見たけれど、社長の名前を間違えているよ。信じられないミスだ。

❖ 複数の欠点を示す

❸ This report is full of mistakes. First, ...

This report is full of mistakes. First, you haven't used the standard company format. The num-

第7章◆指導するための表現

bers also don't match up. I want you to correct it and hand it in ASAP.

このレポートは間違いだらけだよ。まず、会社規定のフォーマットが用いられていない。それに、計算も合っていない。大至急、訂正して再提出すること。

❖ 1つだけ欠点を示す

❹ ..., but there is just one serious mistake.

I saw the specifications you prepared. It's mostly okay, but there is just one serious mistake. The department name is wrong. It's a simple but serious mistake, and I would like you to make sure that you don't make this mistake next time.

君の作った仕様書を見させてもらったよ。だいたいはいいんだが、1つだけ見過ごせないミスがあった。担当部署名が違っている。単純だけど、深刻なミスだぞ。次回は絶対に間違えるなよ。

---

❶のserious mistakeはridiculous mistakeと言い換えることもできます。また、...so make sure you don't make mistakes from now on.の部分は、...so make sure that doesn't happen again.とも表現できます。youを用いていないので、「責める」という感じを減らせます。❹では、It's mostly okay.の代わりに、It's okay for the most part.と言ってもいいでしょう。

2. 改善させる

❖ 改善の必要性を説く

❶ We have to remedy the situation.

Recently, project delays are becoming chronic. At this rate we will lose our clients' trust, so <u>we have to remedy the situation.</u>

最近、プロジェクトの遅れが慢性化してしまっている。このままでは顧客の信用を失ってしまうから、なんとしても改善しなければならない。

❷ Those concerned should carefully consider...

There are very many complaints from buyers concerning the software we released recently. <u>Those concerned should carefully consider</u> the customers' opinions and immediately work on making a free update.

先日売り出したソフトウェアだが、購入者からのクレームが非常に多い。担当者はお客様の意見をよく検討して、ただちに無償アップデート版の作成に取り組みなさい。

❖ 改善を命じる

❸ I would like everyone to...for improvement.

In my honest opinion, there hasn't been a prop-

第7章◆指導するための表現

er project proposal at this company for almost a year. <u>I would like everyone to</u> come up with suggestions <u>for improvement</u> on how to make a good proposal.

これは私の正直な気持ちなのだが、ここ1年ぐらい、ちゃんとした企画が出ていないように思われる。どうすればよい企画が立てられるか、全員で改善案を検討してみてほしい。

✢ 改善すべき点を述べる

❹ What I would like you to improve on is...

<u>What I would like you to improve on is</u> telephone etiquette, wording in the emails you send to customers and how you write your reports.

私が君たちに改善してもらいたいのは、電話の応対、顧客へのEメールの文章、そして報告書の書き方だ。

---

❶では「状況を改善する」をremedy the situationと表現しています。improve the situationと言うこともできます。❷のThose concernedは、Those people who are concerned（あるいはThose of you who are concerned）を省略した形です。このように、thoseには「…な人々」という意味を表す用法があります。なお、Those concernedは、Those in chargeと言うこともできます。

3. 反省を促す

✥ 猛省を求める

❶ I want you to seriously reflect on...

The presentation you did last week for ABC about the promotion of the new product was, plainly put, a mess. I want you to seriously reflect on this so that you never make such a terrible presentation again.

君が先週ABC社に対して行った新製品販促のプレゼンは、はっきり言ってひどいもんだった。今後は、あんなひどいプレゼンをすることのないように、猛省してもらいたい。

❷ You have to show your remorse clearly through your actions.

Yang, I keep receiving a lot of complaints from your customers. What's going on? I'm tired of your excuses. You have to show your remorse clearly through your actions.

楊(ヤン)、君の顧客からクレームが山ほど来るんだが、どうなっているんだ？ 言い訳はもう聞きたくない。反省を行動で示してくれ。

✥ 始末書を書かせる

❸ It's enough to make you have to write a letter of apology.

第7章◆指導するための表現

You did something really stupid. <u>It's enough to make you have to write a letter of apology.</u>

とんでもないことをしてくれたね。これは、はっきり言って、始末書ものだよ。

✣ 改心させる

❹ **Learn from your failures and be careful not to act hastily.**

Andy, the mistake you made this time is a big loss for the company. However, what's important is what you will do from now on. <u>Learn from your failures and be careful not to act hastily.</u>

アンディ、今回の君のミスによって会社が大きな損失を受けたのは事実だ。しかし、大切なのは、今後、君がどのように行動するかということだ。失敗を糧に、これからは軽率な行動は慎むようにしてほしい。

---

❶のplainly put は「簡潔に言って」「はっきり言って」という意味で、to put it plainly とも言えます。❷の「行動で示す」は、You have to prove your remorse through your actions. とも言えます。似たようなニュアンスの格言に、Actions speak [talk] louder than words.「口先よりも実践が大事」があります。❸の「始末書もの」を説明的に表現するなら、It's the kind of thing that warrants a letter of apology. のようになります。

145

4. 振り返りをさせる

✣ 特定させる

❶ Think about what was happening at that time.

Think about what was happening at that time. This will be the first step toward solution of the problem.

そのとき、何が起こっていたのか考えてみなさい。それが、問題解決への第一歩となるからね。

✣ 分析させる

❷ Think about how that lead to...

Now that you know what was going on, think about how that lead to careless behavior.

何が起こっていたのかが理解できたら、次にそれがなぜ不注意な行動を導いたのか、考えなさい。

✣ 意味づけをさせる

❸ Let's think about the implications of the matter.

Let's think about the implications of the matter.

この問題の意味するものについて考えてみよう。

第7章◆指導するための表現

❖ 応用させる

❹ What lesson can we learn from this?

What lesson can we learn from this? Let's think up ways to prevent analogous incidents by building on our experience.

ここからどのような教訓が得られるだろうか。この経験を活かして、同じようなことが起きるのを防ぐ方法を考え出そう。

❺ What law of success can we build?

What law of success can we build out of what we have gone through?

我々が経験したことから、どのような成功法則を導くことができるだろうか。

　　経験から学びマイセオリーを導き出すためには、特定→分析→意味づけ→応用のステップで考え、省察と概念化で振り返りをすることが有効です。❶は、問題が発生したときの状況を特定させるためのフレーズです。また、❹と❺は、経験を応用させて、今後に活かすためのフレーズです。❷のNow that... は「もう…なのだから」「いまや…なので」という決まり文句。❹のthink up は手段や方法などを「考案する」という意味です。

5. 注意する

❖ 軽く注意する

❶ It would have been better if...

John, maybe you should learn the local business manners. <u>It would have been better if</u> you received the business card with both hands.

ジョン、君は日本流のビジネスマナーを学ぶべきだね。名刺は両手で受けとるほうがよかったね。

❷ It's easy to forget, but make sure you...

<u>It's easy to forget, but make sure you</u> turn off the monitor when leaving work.

つい忘れてしまいがちだけど、退社するときには、モニターの電源を切るようにしてね。

❖ 警告する

❸ I'll be lenient this time, but be careful.

Kim, you've forgotten to hand in your weekly report for the second week straight. <u>I'll be lenient this time, but be careful</u> because there will be consequences next time.

キム、2週連続で週報を出し忘れているね。今回は大目に見るけど、次は何らかの処分になるからね。

第7章◆指導するための表現

✥ 前もって注意しておく

❹ If you would like..., make sure you...

If you would like a proposal to be discussed during the meeting on Tuesday next week, make sure you hand in the written material well in advance.

来週の火曜日の会議で討議したい企画があったら、余裕を持って事前に資料を提出しておくようにね。

❺ Be careful not to...

The section manager from ABC, Mr. Takahashi, is very easily angered. Be careful not to irritate him at the meeting tomorrow. Or else, he'll bite your head off.

ABC社の高橋部長は怒りっぽい人だから、明日の打ち合わせでは彼を刺激しないように注意してね。さもないと痛い目にあうよ。

---

❶は仮定法を使うことにより、押しつけがましさを減らしています。❷の語調を強めるなら、Don't forget to turn off the main power... となります。❸のlenientは「寛大な」といったニュアンス。直感的に言うなら、I'll give you a second chance.「もう一度チャンスをあげる」と表現してもいいでしょう。❺のvery easily angeredは、short-tempered「短気な」と言い換えることも可能です。

6. 怒る・叱る

❖ 怒る

❶ How many times do I have to say it for you to understand?

I've had enough. How many times do I have to say it for you to understand? I will not tolerate you doing things on your own. My team has no need for people who don't value teamwork!

もう我慢の限界だ。何度言ったら分かるんだ？ 勝手な行動は許されないんだよ。チームワークを重んじない者は、私のチームには必要ない！

❷ Are you taking me for a fool?

It's already the end of the month and we haven't been able to get a single contract? Are you taking me for a fool?

もう月末だというのに、まだ契約を1件も取れていないのか。君は私をバカにしているのか？

❖ 失望を示す

❸ You disappointed me.

I had big hopes for you, but you disappointed me.

君には大いに期待していたのに、とても残念だよ。

❹ It seems I was wrong.

I thought you were better than this. <u>It seems I was wrong.</u>

君たちはもっと優秀だと思っていたのに、どうやら私の勘違いだったみたいだ。

✣ 叱りつける

❺ Why can't you do it the way you were taught?

<u>Why can't you do it the way you were taught?</u> You can't operate the application if you try to do it your own way.

なんで教えた通りにできないんだ！ 自己流で操作しようとするから、アプリケーションが動かないんだよ。

❻ How could you...!

<u>How could you</u> talk to your customer like that! Where are your manners?

お客様に対してどうしてそんな口の利き方ができるんだ。礼儀をわきまえなさい。

---

❶と❷は怒りをあらわにしている感じになります。「失望」を表す表現としては、❸や❹の他にも、You've let me down.「君にはガッカリだよ」なども使えます。❻のHow could you...!をもっと強く言うならば、How dare you...!になります。

7. 「嫌われ役」を演じる

❖ 「悪魔の代弁者」を演じる

❶ I'm sorry to throw a damper over...

I'm sorry to throw a damper over the proceedings just as we were reaching an agreement, but I am beginning to wonder if it is really all right to approve of this proposal.

全員の意見がまとまりかけているところに水を差すようで申し訳ないが、本当にこの企画を通していいのかと、疑問に思い始めている。

❷ At a glance, what you're saying is correct.

At a glance, what you're saying is correct. Undoubtedly, cost reduction is important. On the other hand, how should we cope with the drop in quality?

それだけを考えるなら、君の言っていることは正しい。たしかにコストの削減は大切だ。しかし、品質の低下については、どのように対処したらいいのかな？

❖ 言いにくいことを言う

❸ This is a difficult thing for everyone to say, so I will say it on everyone's behalf.

This is a difficult thing for everyone to say, so I

第7章◆指導するための表現

will say it on everyone's behalf. Lin, your attitude towards our clients is not good.

みんな、なかなか言い出しにくいだろうから、私がみんなの気持ちを代弁して言わせてもらうよ。林(リン)、君はクライアントに対する態度がよくないね。

❹ This is a bit difficult to say, but I'll go out on a limb and say it.

This is a bit difficult to say, but I'll go out on a limb and say it. Jack, you make too many careless mistakes. I want you to be more thorough.

これは少し言いにくいことなんだが、あえて言わせてもらう。ジャック、君はケアレスミスが多すぎるよ。もっとしっかりしてもらいたいな。

---

❶と❷は、議論の活性化を図るために、会議などであえて反対意見を出す「悪魔の代弁者」(devil's advocate) としての一言です。❶のthrow a damperは「水を差す」というニュアンス。I'm sorry to be a wet blanket...のように言ってもよいでしょう。❷はat a glance「一見すると」を用いることで、あとに否定的な意見が続くことを相手に予測させる表現です。❸や❹のような表現は、相手のお国柄によっては「公衆の面前での侮辱」ととらえられてしまうこともあるので、注意しましょう。❹のgo out on a limbは「危険を冒す」。

153

8. 詰問する

✥ 具体的な説明を求める

❶ Please explain it to me clearly in your own words.

I read your report, but I couldn't understand the situation. <u>Please explain it to me clearly in your own words.</u>

報告書を読ませてもらったが、今ひとつ要領を得ないね。自分の言葉で、私に分かるように説明してくれよ。

❷ Give more specific examples or paraphrase what you would like to say.

Your explanation is over my head. <u>Give more specific examples or paraphrase what you would like to say</u> so that even I can understand.

君の説明ではまったく分からない。具体的な例を挙げるか表現を変えるかして、私にも分かるように話してくれ。

✥ きつく問い詰める

❸ Do you take your work seriously?

You can't hand over such shoddily prepared documents to a client, can you? Why couldn't you prepare more thorough documents? <u>Do</u>

you take your work seriously?

こんな適当に作った資料を、クライアントに渡せるわけがないでしょ？　どうしてもっときちんとした資料を作らないの？　真面目にやる気はあるの？

✥ 納得いくまで問い詰める

❹ I want you to give me an explanation I can understand.

The mistake you made cannot be apologized away. It's a mistake that could seal the fate of the company. I want you to give me an explanation I can understand for why you made that mistake.

君の犯したミスは、謝ってすむレベルではない。会社の存亡に関わるほどのものなんだ。なんでこんなミスを犯したのか、納得のいく説明をしてくれ。

---

❶と❷は、分かりにくい説明しかできない相手に対し、具体的な説明をするように問い詰める場合の一言です。❸のshoddilyはshoddy「ぼろぼろの」「粗悪な」の副詞形で、carelesslyやhalf-heartedlyに言い換えもできます。❹のapologize awayは、「謝ることによって、問題を蹴散らしてしまう」というニュアンスの面白い表現です。An apology is not enough to cover the mistake you made.のようにも言えます。

Column 7 ビジョンステートメントの実際②

「ビジョンステートメントの実際①」(第6章末)の続きです。誰でも知っている有名企業のビジョンステートメントを見てみましょう。

□NIKE
"To bring inspiration and innovation to every athlete* in the world."
* If you have a body, you are an athlete.
「世界のすべてのアスリート*たちに、刺激と革新をもたらすこと」(*肉体を持つすべての人が「アスリート」です)

□Toys "R" Us
"Our Vision is to put joy in kids' hearts and a smile on parents' faces."
「私たちのビジョンは、子どもの心に喜びを、そして親の顔に微笑みをもたらすことです」

□Kraft Foods
"Helping People Around the World Eat and Live Better."
「世界中の人たちのよりよい食と生活をサポートしています」

8
人間関係を円滑にするための表現

業務を円滑に進めていくには、メンバー全員の心を把握することが何より欠かせません。その意味でも、チームの潤滑油となるコミュニケーションの果たす役割は重要です。ときには「ビジネスライク」ではない対応も、リーダーには求められます。

ただし、あまり個人の事情に立ち入りすぎてしまうのも問題ですので、適度な「距離」を置くことも忘れないように。

1. こちらの非を認める

❖ 自分の非を認める

❶ It was my fault.

It was my fault. You don't have anything to be sorry for.

私が悪かった。君にはなんの落ち度もないよ。

❷ XXX didn't do anything wrong.

Mark didn't do anything wrong. It's my own fault for not providing the proper leadership to everyone.

マークは何も悪くないよ。悪いのは、リーダーとしてみんなをしっかり導くことのできなかった私自身だ。

❸ It's clear I have to take responsibility for this setback.

As the team leader, it's clear I have to take responsibility for this setback. No one else bears any responsibility for this.

今回の失敗は、明らかにリーダーである私の責任だ。他の誰にも、なんの責任もないよ。

❖ 素直に詫びる

❹ I want to offer my most sincere apologies.

第8章◆人間関係を円滑にするための表現

Because of my error in judgment, this project has turned out to be a failure. And there's no room for excuses. <u>I want to offer my most sincere apologies.</u>

私の判断ミスで、プロジェクトは失敗に終わった。弁解の余地もない。心からお詫びを言わせてもらうよ。

✥ 部分的に非を認める

❺ It's partly my fault.

The promotion we entrusted to an outside advertising agency was not very effective, and <u>it's partly my fault</u>. I didn't give specific instructions, so things didn't turn out well.

外部の広告会社に任せていた販促活動に効果が見られないのは、私のせいでもある。具体的に指示をしなかったから、よい結果とならなかったんだ。

---

❶の It was my fault. は「YOUR fault ではなくて MY fault だ」というニュアンスで、強い自責の意味を表します。❸の setback「失敗」は、「(一時的な) 後退」というのが本来の意味なので、failure よりも前向きなニュアンスになります。❹のような I want to offer my XXX. という言い方は、改まった場、あるいは書き言葉でよく使います。「お悔やみ申し上げます」なら、I want to offer my condolences... となります。

2. 礼を言う

❖ 簡単な礼を言う

❶ Thanks a lot.

Oh, is this a souvenir from your business trip? This candy looks really good. I'll have some later. Thanks a lot.

これは、出張のおみやげかい？ おいしそうなお菓子だね。あとで食べさせてもらうよ。ごちそうさま。

❖ 改まって感謝の意を示す

❷ I really have to take my hat off to your dedication.

I really have to take my hat off to your dedication.

君たちの献身ぶりには、頭が下がる思いだ。

❸ I'm really thankful to have you here.

Jack, without you, there's no way this work would get done. I'm really thankful to have you here.

ジャックがいなかったら、どう考えてもこの仕事は回らないな。君がいてくれて、本当に感謝している。

第8章◆人間関係を円滑にするための表現

✥ 仕事ぶりに対して感謝する

❹ Thanks to you, my job has become a lot easier.

You visited five clients today? You're really efficient. <u>Thanks to you, my job has become a lot easier.</u>

今日は取引先を5軒も回ったの？ 君は本当に手際がいい。おかげで、だいぶ楽をさせてもらっているよ。

❺ XXX is going really smoothly thanks to you.

You've already made the materials? You're a fast worker. <u>This project is going really smoothly thanks to you.</u>

もう資料の準備ができたのかい？ 仕事が早いね。おかげで、プロジェクトが円滑に進んでいるよ。

---

❶のように「おみやげ」を配る習慣は欧米では一般的ではありませんが、日本に慣れた外国人なら買ってくる人も意外に多いかもしれません。アメリカ英語のcandyは「飴」ではなく、チョコやキャラメルなども含む「甘いお菓子」のことです。❷のtake one's hat offは、文字通りには「脱帽」で、「敬意を示す」というニュアンス。❹と❺のように「仕事ぶり」について感謝する場合、「おかげで助かっている」という意味になるthanks to... を使うと自然な印象になります。

3. 休ませる

❖ 休憩を勧める

❶ Why don't you take a little break?

By the way, you haven't had lunch yet, have you? Why don't you take a little break and go out for lunch?

そう言えば、君は、まだ昼食を食べていないんじゃないか？ ひと休みして、外で食べてきたらどう？

❷ Take a break whenever you need one.

Kevin, are you tired? Today's work isn't that urgent, so take a break whenever you need one.

ケビン、疲れていないかい？ 今は急を要するような仕事はないから、適当なときに休憩を取るようにね。

❖ 気分転換させる

❸ Why don't you...for a change of pace?

Don't you get tired using the computer without a break? Why don't you do some filing for a change of pace?

休みなしでパソコン作業ばかりしていると疲れない？ 気晴らしに書類の整理でもしてみたらどうだい？

第8章◆人間関係を円滑にするための表現

❹ How about a coffee or something to freshen up?

How about a coffee or something to freshen up? I'm buying.

気分転換にコーヒーでも飲まない？ 僕がおごるよ。

❖ 早退を勧める

❺ You should go home for today so you can...

Your kids are sick with a fever? That's too bad. It's not finishing time yet, but you should go home for today so you can take proper care of your kids.

お子さんが病気で熱を出したんだって？ それは大変だ。まだ定時になっていないけど、今日はもう帰って看病に専念したほうがいいよ。

---

❸のfor a change of paceは「気分転換に」という意味ですが、for a changeだけでも「気晴らしに」という意味になります。❹のfreshen upは「気分を変える」という意味で使っていますが、他にも「シャワーを浴びてさっぱりする」「飲み物を入れ直す」などの意味でも使います。❺のgo home for todayは「1日の仕事を終えて帰宅する」というニュアンス。

4. 休暇を取らせる

❖ 有給休暇を取らせる

❶ It seems your paid vacation time has piled up.

Smith, it seems your paid vacation time has piled up. How about using it up this month? It will get busy next month, and you won't be able to take time off.

スミス、有給休暇がたまっているようだね。今月、消化したらどう？ 来月は忙しくて、休みを取れなくなっちゃうよ。

❷ Why don't you also take your vacation around this time?

"Golden Week" is going to start soon. Why don't you also take your vacation around this time and go on a long holiday? It looks like everyone else is going to do the same thing.

もうすぐ「ゴールデンウィーク」だから、有給休暇も加えて、長い休みを取ったらどう？ 他のみんなもそうするみたいだよ。

❖ 半休を取らせる

❸ You can take the morning off tomorrow.

I'm leaving now, but I'd like you to finish up the

第8章◆人間関係を円滑にするための表現

materials today. I'm sorry to ask for so much. You can take the morning off tomorrow.

私は先に失礼させてもらうけど、例の資料を今日中に仕上げてね。無理言って申し訳ない。明日は半休を取ってもらって構わないから。

❖ 代休を取らせる

❹ Everyone please take compensatory leave whenever you please.

Thanks to your hard work, the exhibition on Saturday and Sunday was a great success. Everyone please take compensatory leave whenever you please.

土、日の展示会はみんなが頑張ってくれたから大成功だったね。各自好きなときに代休を取るように。

---

❶の「有給休暇がたまって」は、Your vacation time has accumulated...のように表現することも可能です。❷に出てくる「ゴールデンウィーク」は和製英語なので、日本のことをよく知らない外国人に対しては、the "Golden Week" vacation period in Mayなどのように表現したほうがいいでしょう。❸のmorning offは「午前半休」で、一方「午後半休」はafternoon offです。❹は、Make sure you each make up for your days off at a time you like—whenever you like.のように言うこともできます。

5. メンバーの愚痴を聞く

✥ 愚痴に共感する

❶ I'm not surprised that you complain to others about XXX.

I'm not surprised that you complain to others about your job. This is no picnic.

君が人に仕事の不満をこぼすのも無理はないよ。楽な仕事じゃないからね。

❷ No wonder you're...

No wonder you're losing your drive, but what makes you feel that you're undervalued in this company?

君がやる気をそがれるのも無理はないが、どうして社内で過小評価されていると思っているんだい？

❸ Admittedly, ...

You really shouldn't run down your client. Admittedly, he sometimes does seem quite mean though.

クライアントの悪口は言うべきではないな。たしかに、彼は意地が悪いように思えることもあるけどね。

第8章◆人間関係を円滑にするための表現

❖ 愚痴を聞く構えを示す

❹ If you ever need someone to talk to about anything, I'll always be there.

If you ever need someone to talk to about anything, I'll always be there.

愚痴をこぼしたくなったら、いつでも私が聞いてあげるよ。

❖ 飲みに誘う

❺ I want to listen to your problems over drinks.

I want to listen to your problems over drinks. There's a bar I frequent, so shall we go there?

お酒でも飲みながら、君の悩みを聞きたいな。行きつけのバーがあるから、そこに行かない?

不平や不満を抱えて、ストレスがたまっているメンバーの愚痴を聞いてあげることも、リーダーの仕事です。❶のI'm not surprised... は「…だとしても驚かない」、つまり「…するのも当然だ」というニュアンス。I wouldn't be surprised... と、仮定法の形でもよく使います。❹のsomeone to talk to about anythingは、「相談に乗ってくれる相手」というニュアンス。a shoulder to cry onなら、「泣きつく相手」「泣き言をいう相手」という意味になります。

6. フレンドリーな会話

❖ 趣味について話す

❶ What do you do on your days off?

Kim, what do you do on your days off? Do you have a hobby?

キム、休みの日は何をやって過ごしてるの？ 趣味でもあるのかい？

❷ I heard that your hobby is...

Tom, I heard that your hobby is mountain climbing. Did you really climb Mt. Fuji last weekend? I'm actually also thinking of starting to go mountain climbing.

トム、登山が趣味なんだってね。先週末、富士山に登ったんだって？ 実は僕も登山を始めたいと思っているんだよ。

❖ 共感を示す

❸ I use the same kind of XXX as you.

I use the same kind of fountain pen as you. It's really easy to use, isn't it? The more you use it the more you acquire a taste for it.

その万年筆、ぼくも同じのを使っているんだ。とても書きやすいよね。使えば使うほど味が出てくる。

第8章◆人間関係を円滑にするための表現

❹ I also like XXX with that kind of a pattern.

The necktie you're wearing is quite tasteful. I also like neckties with that kind of a pattern. It's not gaudy and it's not too plain.

君のネクタイ、なかなかいいね。僕も、そういう柄が好きなんだ。派手すぎず地味すぎず、ちょうどいい感じのデザインだよね。

❖ 軽口をたたく

❺ Are you going on a group date or something?

You look dressed up today. Are you going on a group date or something?

今日はいつになく、おしゃれな格好じゃないか。合コンにでも行くの？

趣味について尋ねる場合、What are your hobbies? よりも、❶のように What do you do on your days off? や What do you do in your free time? などのように尋ねるほうが一般的です。❷の「味が出てくる」は、「だんだん真価が分かるようになる」ということなので、...the more you get to appreciate it. のように言ってもよいでしょう。❹の「ちょうどいい感じ」は、他にも It doesn't stand out too much. あるいは It's not too flashy. などのように言ってもいいでしょう。❻の「合コン」は match-making party とも言います。「デートかい？」なら Got a date? などと言います。もちろんこのような言い方は、相当に仲のよい相手でなければ使うべきではありません。

7. リラックスさせる

❖ 緊張をほぐす

❶ You have to relax more and smile.

The customers will be scared of you if you have such a serious face. <u>You have to relax more and smile.</u>

そんな険しい顔じゃ、お客さんに警戒されちゃうよ。もっと肩の力を抜いて、笑顔を作らないとね。

❷ Don't be so nervous...

Today is the opening day of the long-awaited new store. <u>Don't be so nervous</u> that you make careless mistakes. Take it easy.

今日は、待ちに待った新店舗のオープンだ。緊張しすぎて失敗しないよう、肩の力を抜いてね。

❖ 落ち着かせる

❸ Let the tension out of your shoulders and cool down a bit.

It's important to be passionate, but I think the argument is becoming a bit too heated. <u>Let the tension out of your shoulders and cool down a bit.</u>

熱意は大切だけれど、少し議論が熱くなりすぎているようだ。意地を張らずに、少し冷静になろう。

第8章◆人間関係を円滑にするための表現

✥ 安心させる

❹ I can assure you.

There's no need to worry. If we keep moving at this pace, we will definitely make the deadline. I can assure you.

心配は要らないよ。このペースでいけば、必ず締め切りに間に合う。私が請け合うよ。

❺ If you do it the same way as always, you'll definitely be okay.

Sure, explaining the products to executives must make you very nervous, but if you do it the same way as always, you'll definitely be okay.

たしかに重役たちの前で製品説明をするのはとても緊張するだろうけど、いつもと同じようにやれば、絶対に大丈夫だからね。

---

❷は Try not to be so nervous that you make mistakes——take it easy. のように言うこともできます。Try not to... は「…しないようにね」という、軽い忠告の一言になります。❹の make the deadline は「締め切りを作る」ではなく、「締め切りに間に合う」という意味です。definitely の代わりに、without doubt も使えます。

Column 8 差別的な表現とPC表現

PCとはpolitically correct「政治的に正しい」、つまり「差別的ではない」という意味です。リーダーは、チーム内の性別・国籍・人種・嗜好などのあらゆる差異に配慮し、PC表現を適切に用いるように努めましょう。

	差別的な表現	PC表現
営業	sales man	salesperson / sales rep
議長	chairman	chair person
一対一の	man-to-man	one-to-one / one-on-one
人工の	man-made	artificial

▶ "man" の入った単語は「女性差別」とみなされる可能性があるので、personなどで置き換えます。

盲目の	blind	visually impaired
ろう者の	deaf	hearing impaired
口のきけない	mute	orally challenged

▶ このように、障がい者について表現する場合、impairedやchallengedを使うことがよくあります。

| 黒人 | black | African-American |

▶ 「肌の色」ではなく、「ルーツ」で表現します。

| 女性 | girl | woman |

▶ 特に、職場の同僚たちをgirlsなどと呼ぶのは避けましょう。girlは「性的興味の対象」というニュアンスを含んでしまうことがあるからです。

| テーブル | table | tree skeleton |

▶ これはもちろんジョークです。「人間のエゴで植物が命を絶たれている」のに、「道具扱い」してtableと呼ぶのは「植物差別だ」ということ。さすがにこれは行きすぎですね。

9
ケーススタディ

　最後に、リーダーとメンバーのやりとりを、ケーススタディとして見ておきましょう。

　「業務の依頼をする」「失敗したメンバーを叱責する」「大口契約を取ってきたメンバーをほめる」「クレーム処理の相談を受ける」という4つの場面を想定して、対話の流れを示してあります。リーダーとして、メンバーとコミュニケーションを取る際の参考にしてください。

CASE 1：業務の依頼をする

　リーダーがメンバーに、具体的な業務の依頼をしている場面です。具体的な指示を与えるためのさまざまな表現が駆使されていることが分かります。指示を与えると同時に、メンバーからの質問にも明確な答えを出しています。このように、テキパキと業務の依頼をすることが効率アップにつながります。

❖ 会話例 (Taro ＝リーダー／ Kim ＝メンバー)

Taro : Kim, (1) <u>can I talk to you for a minute?</u>
Kim : Sure.
Taro : I'll be needing an assistant during my business trip to Osaka. (2) <u>I want you to come with me.</u>
Kim : I'd be honored sir. When will we be leaving?
Taro : Most likely on the 20th this month. (3) <u>I'd like you to be ready.</u>
Kim : Certainly, but for how long? I have to get a few things done by the end of this month.
Taro : It's a day business trip, so we'll be back on the same day. I hope this won't be too much trouble for you.
Kim : No trouble at all, sir. What will we be doing in Osaka?
Taro : Well, (4) <u>we will do a presentation for the board of directors.</u> They are thinking of opening another branch in this prefecture, and we need to assure them

that we can stand on our own two feet. ⁽⁵⁾ <u>We need to bend over backwards and blow their minds.</u>

Kim : All right. I will compile all the sales data from the last five years and do a projection.
Taro : Can I ask you to make train reservations?
Kim : I'll do that right away. Anything else?
Taro : Just be ready. I will send you more details later in an email.
Kim : Thank you sir.

NOTES:

for a minute「少しの間だけ」 be honored「光栄に思う」 a day business trip「日帰り出張」 the board of directors「役員会」prefecture「県」 stand on one's own two feet「独り立ちする」「独力でやっていく」 bend over backwards「喜ばせる」「懸命に努力する」 blow one's minds「圧倒する」

❖ 表現の解説

(1) Can I talk to you for a minute?
まずは、このような感じで声をかけます。もう少しカジュアルにするなら、Got a minute? や Got a second? などと言う場合もあります。

(2) I want you to come with me. ／ (3) I'd like you to be ready.
この I want you to... あるいは I would like you to... というパターンが、指示を与える場合にもっともよく使われる表現です。

(4) We will do a presentation for the board of directors.
この We will... も、指示をする場合に使うパターン。You will... であれば、「君は…するんだ。いいね？」というニュアンスの、軽い命令を伝える表現になります。

(5) The board of directors calls the shots in this company, so we need to blow their minds.
blow one's minds は「相手の心を吹き飛ばす」→「強く印象づける」というニュアンスで、カジュアルな表現です。We need to get them hooked. と言うことも可能です。

第9章◆ケーススタディ

❖ ダイアログの訳

太郎：キム、ちょっといいかな？
キム：ええ。
太郎：大阪への出張にアシスタントが必要なので、一緒に行ってもらえないかな？
キム：喜んでお供します。いつ出発ですか？
太郎：おそらく、今月の20日になるね。準備に取りかかってくれないかな。
キム：了解しました。期間はどのくらいになるのでしょうか。月末までに仕上げなければならないことがいくつかあるので。
太郎：日帰り出張だから、その日のうちに戻ってくることになるよ。君にあまり負担がかからなければいいんだけど。
キム：まったく問題ありません。大阪では何をする予定ですか？
太郎：うん、役員会にプレゼンをするんだ。役員会では、この県にもう1つ支社を開設することを検討しているんだ。だから、我々が自分たちの力だけでやっていけるということを、彼らに示さなければならない。なんとか頑張って、彼らによい印象を与えないとね。
キム：分かりました。過去5年間の売り上げデータをまとめて、方針を立ててみます。
太郎：ところで、列車の手配を頼めるかな？
キム：すぐにやります。他には何かありますか？
太郎：あとは、準備だけしてくれればいいよ。詳細は、メールで送るから。
キム：ありがとうございます。

CASE 2：失敗したメンバーを叱責する

1人のメンバーのことを全面的に信頼して大きなプロジェクトを任せていたのですが、そのプロジェクトに遅れが出ていることが発覚しました。担当者が、連絡を怠っていたために対処が遅れたようです。単に叱責するのでなく、問題の分析をさせたり、今後の方針についても答えさせるようにします。

❖ 会話例 (Tomoya ＝リーダー／ Kate ＝メンバー)

Tomoya : Could you give us a progress report on the refurbishment of the Sendai office? (1) I take it we are all set for the reopening next month.

Kate : Well, um…

Tomoya : What? Is there a problem?

Kate : Yeah, actually, we're two weeks behind schedule.

Tomoya : What?! Behind schedule? Didn't you say everything was on schedule last month?

Kate : Yes, I did, and I'm sorry. It appears I spoke too soon.

Tomoya : You need to keep me posted. (2) Do I make myself clear?

Kate : Yes sir. I'm very sorry. I thought we'd be able to get back on schedule.

Tomoya : (3) Have you identified the cause of the delay?

Kate : Yes, we know. There was a big delay in the arrival of some building

	materials, and the blueprint has gone through several changes.
Tomoya	: I see. (4) <u>What's going to happen now?</u>
Kate	: We increased the number of personnel just yesterday. That should double the speed.
Tomoya	: How far behind are we?
Kate	: Well, in the end, it looks like the reopening will be delayed by just one week.
Tomoya	: One week... Well, I guess it can't be helped. I'll smooth things out with the top guys.
Kate	: Really? I'd really appreciate that!
Tomoya	: However, (5) <u>I want you to give me a progress report every day without fail.</u> Also, always keep in mind that you need to talk to me before it's too late.
Kate	: Certainly, sir.

NOTES:
be all set for...「…に対して準備ができている」 speak too soon「早まったことを言う」「軽率なことを言う」 keep...posted「常に…に最新情報を与える」 get back on schedule「遅れを取り戻す」 blueprint「設計図」 smooth things out「取りなす」 top guys「上層部」

❖ 表現の解説

(1) I take it we are all set for the grand opening.
　　I take it (that) ... は「…だと理解している」ということで、自分がどのように現状を把握しているのかを相手に示すときに用います。

(2) Do I make myself clear?
　　Do you understand? とほぼ同じニュアンスで、「いいかい？」「分かった？」と、相手に確認するための一言。

(3) Have you identified the cause of the delay?
　　問題が何であるかを正しく特定させることが、解決への第一歩です。

(4) What's going to happen now?
　　What are you going to do? ではなく、「何が起こるのか？」と尋ねているわけですが、「…するつもり」という「努力目標」ではなく、具体的な事実を求めているということです。

(5) I want you to give me a progress report every day without fail.
　　without fail は「間違いなく」「確実に」ということで、念を押すときによく使います。

第9章◆ケーススタディ

❖ ダイアログの訳

智　也：仙台支店の改装工事の進捗状況を教えてくれないか。来月の再オープンに向けて、すっかり準備は整っているんだよね？
ケイト：それが、その…。
智　也：どうした？ 何か問題でもあるの？
ケイト：ええ、実は2週間ほど遅れています。
智　也：何だって？ 遅れている？ 先月は、「すべて予定通り」って言ってたじゃないか。
ケイト：ええ、たしかにそう言いました。申し訳ありません。軽はずみなことを言ってしまったみたいです。
智　也：常に最新の情報を私に提供してくれないと困るよ。分かるね？
ケイト：はい、分かります。本当に申し訳ありません。遅れは挽回可能だと思ってしまったんです。
智　也：遅れの原因は特定できているの？
ケイト：はい。資材の到着の大幅な遅れと、設計に何回か変更が加えられてしまったことです。
智　也：なるほど。それで、これからどうなるのかな？
ケイト：昨日、作業員の数を増やしたところです。これで、作業の速度は2倍になります。
智　也：どのくらい遅れているんだね？
ケイト：ええ、最終的に、再オープンは1週間ほどの遅れで済みそうです。
智　也：1週間か…。そのくらいなら仕方ないな。会社の上層部は、私がうまく取りなしておくよ。
ケイト：本当ですか？ それはありがたいです。
智　也：でも、今後は毎日欠かさず進捗を私に報告するように。それと、手遅れになる前に私に相談すべきだということを頭に入れておくこと。
ケイト：分かりました。

CASE 3：大口契約を取ってきたメンバーをほめる

ずっと獲得できなかった大手の会社との契約を、メンバーの1人がうまくまとめてきました。こんなとき、何をおいても、リーダーはまずこのメンバーのことを讃え、誇りに思っていることを伝えるべきです。第5章「メンバーをほめて伸ばすための表現」でも扱った、効果的な「ほめる」表現を見てみましょう。

❖ 会話例 (Mina =リーダー／ John =メンバー)

Mina : John, I just got off the phone with the director of ABC Company. (1) I understand you really got him hooked! How did you do it? We've been chasing that contract for years!

John : Well, after several meetings leading up to the agreement, I realized that they were hesitant because of the length of the contract. So when we were negotiating the terms, I suggested splitting the contract duration into three.

Mina : (2) Simply genius! And there we were racking our brains, wondering how we were going to convince them. They are valuable business partners! John, (3) I'm so proud to have you!

John : Oh, thank you. But, I think I just got lucky. Anyone in the sales team would have done it.

Mina : Don't be so modest! (4) You should be

> proud of what you have just done.
John : Thank you.
Mina : Come! I must tell everyone... <u>(5) Everybody, let's give a big round of applause to John who landed us the biggest sales contract of the decade!</u> It goes to show that every effort will eventually be rewarded. Nothing is impossible.
John : Thank you everyone. I couldn't have done it without your support.

NOTES:
get off the phone「電話を切る」 get...hooked「…の気持ちをつかむ」 hesitant「ためらっている」 terms「条件」 duration「持続期間」「有効期間」 rack one's brains「知恵を絞る」 get lucky「幸運をつかむ」 modest「控えめな」「謙虚な」 applause「賞賛」「拍手」 it goes to show that...「…ということの証明になる」

❖ 表現の解説

(1) I understand you really got him hooked!
get hooked は、比較的カジュアルな表現で、「釣り針に引っ掛ける」つまり「釣り上げる」から来た表現です。このように、適宜、カジュアルな言い方を混ぜることで、フレンドリーな印象を与えるようにしましょう。

(2) Simply genius!
この simply は「単に」という意味ではなく、強調するために用いています。このように、メンバーをほめるときには、短い言葉で言い表したほうが効果的です。

(3) I'm so proud to have you!
「君を誇りに思う」という気持ちを相手にストレートに伝えることによって、メンバーの気持ちをしっかりつかむことができます。

(4) You should be proud of what you have just done.
単にほめるのではなく相手の自尊心を刺激することで、相手のモチベーションは大いに高まります。

(5) Everybody, let's give a big round of applause to John who landed us the biggest sales contract of the decade!
ときには、こういう変則的なほめ方もよいでしょう。チーム全体で、相手のことをほめるというパターンです。

第9章◆ケーススタディ

❖ ダイアログの訳

美　奈：ジョン、たった今、電話で ABC 社の取締役と話したところなんだけど、君は彼の気持ちを見事につかんでいるね。一体どうやったの？ もう何年もあそこと契約を固めようと頑張ってきたんだけど…。

ジョン：ええ、契約を取りつけるための打ち合わせを重ねているうちに、彼らが契約期間の長さのために二の足を踏んでいるということに気づいたんです。だから、契約条件の交渉の際に、契約期間を3期に分割することを提案したのです。

美　奈：本当に頭がいいね。どうやったら彼らを納得させられるか、みんなで知恵を絞って考えていたのよ。ABC 社は重要なビジネスパートナーだから。ジョン、あなたのような人がいてくれて、とても誇らしいわ。

ジョン：ありがとうございます。でも、私はラッキーだっただけですよ。営業チームのメンバーなら誰でも同じことができたと思いますよ。

美　奈：そう謙遜しないで。自分の成し遂げたことを誇りに思うべきよ。

ジョン：ありがとうございます。

美　奈：さあ、来て。みんなに言わないと…。さあみんな、この 10 年でもっとも大きな契約を見事取りつけたジョンへ大きな拍手を贈りましょう。ジョンのおかげで、すべての努力は最後には報われるということが証明されたわ。不可能なことなんて、何もないってことが。

ジョン：みなさん、ありがとうございます。これも、みなさんのサポートのおかげだと思っています。

CASE 4：クレーム処理の相談を受ける

ただでさえ忙しいところに、メンバーから厄介な相談を受けてしまいました。いわゆる「クレーマー」の問題です。放置しておくと、会社のイメージは悪くなってしまいますので、早急に対処が必要です。失敗が許されない案件の場合、メンバーに任せたままにするのではなく、リーダー自身が処理をすることが必要になることもあります。役立つ表現を見てみましょう。

❖ 会話例 (Mary =リーダー／ Osamu =メンバー)

Osamu: Could I speak to you briefly?
Mary : (1) <u>Can't it wait?</u> I'm a little busy now.
Osamu: I'm afraid not.
Mary : OK, (2) <u>what seems to be the problem?</u>
Osamu: There's a client who bought one of the laser printers that were recalled a few weeks ago.
Mary : I thought we sorted that out. All the clients were given replacements, right?
Osamu: Yes, we already did that. But this particular client claims that we ruined his business.
Mary : Oh, really?
Osamu: He is threatening to sue unless we compensate him for the money he says he lost when the printer wasn't working.
Mary : What? That's nonsense! Did you say something to ruffle his feathers?

Osamu : No. I did everything by the book.
Mary : I sure hope you did. (3) This could escalate to a PR problem. I shall handle this case from here on. (4) The buck stops here. (5) Bring me up to speed on all I need to know about this client, will you?
Osamu : Yes. Thank you for your time.

NOTES:
recall「リコールされる」 sort...out「…を解決する」 replacement「交換品」 compensate「保証する」 threaten to...「…することをほのめかす」「…すると脅す」 ruffle one's feathers「…の神経を逆撫でする」「…を怒らせる」 by the book「規定通りに」 escalate to...「…に発展する」 from here on「この段階から」

❖ 表現の解説

(1) Can't it wait?

　　it は「話したいこと」。つまり、「その件は、待つことができない？」→「後にしてもらえない？」という意味です。少しぶっきらぼうな言い方ですので、こう告げた後に I'm a little busy now. と言って、待ってほしい理由を示しています。

(2) What seems to be the problem?

　　「何が問題に思われるのか？」が直訳。「問題がある」と確定しているわけではないので、このような言い方になるのです。

(3) This could escalate to a PR problem.

　　a PR problem は、「会社のイメージに関わる問題」ということです。escalate は「エスカレータ」(escalator) の動詞形で、「発展する」という意味。

(4) The buck stops here.

　　この buck は「責任」という意味で、pass the buck「責任を転嫁する」というイディオムで使います。The buck stops here. は「責任は、他に転嫁しないで、ここで止める」、つまり「私が全責任を持つ」という意味です。

(5) Bring me up to speed on all I need to know about this client, will you?

　　bring...up to speed で、「…に最新の情報を与える」という意味になります。他にも keep...updated や keep...posted などの言い方もよく用います。

第9章◆ケーススタディ

❖ ダイアログの訳

修　　　：すみません、ご相談があるのですが？
メアリー：後にしてもらえない？ 今、少し忙しいから。
修　　　：今すぐお願いしたいのです。
メアリー：分かったわ。何が問題なの？
修　　　：数週間前にリコールになった、レーザープリンタを購入されたお客様なんですが…。
メアリー：その件なら、解決済みだと思ったけど。すべてのクライアントに、交換品を提供したのよね？
修　　　：ええ、もうそのようにいたしました。でも、このクライアントは、うちのせいで仕事ができなくなってしまったと主張しているのです。
メアリー：本当に？
修　　　：プリンタの故障中に損失した金額を補償しないかぎり、うちを訴えるとほのめかしているのです。
メアリー：なんですって？ そんなバカな。何か怒らせるようなことでも言ったの？
修　　　：いいえ、そんなことはありません。すべてきちんと規定通りにやりました。
メアリー：そうだといいんだけど。これは、うちの企業イメージを傷つけかねないわね。ここからは、この件は私が扱います。全責任は私が持ちます。このクライアントに関して、私が知っておくべき情報をすべて教えるようにね。
修　　　：分かりました。お時間をお取りいただき、ありがとうございました。

デイビッド・セイン（David A. Thayne）
1959年　米国生まれ
1996年　カリフォルニア州アズサパシフィック大学で社会学修士号取得。
日米会話学院などでの豊富な教授経験を活かし、数多くの英会話・ビジネス英語関連書籍などを執筆。現在、英語を中心テーマとしてさまざまな企画を実現するクリエーターグループ、エートゥーゼット（http://www.atozenglish.jp）を主宰。

著　書　『プレゼンテーションの英語表現』『ミーティングの英語表現』『ネゴシエーションの英語表現』（以上、日経文庫）、『ビジネス版　これが英語で言えますか』『知ってて良かったビジネス英語－オフィスお役立ち編』（以上、日経ビジネス人文庫）、『英語ライティングルールブック』『英語ライティングワークブック』（以上、DHC）など多数。

日経文庫1226
チームリーダーの英語表現

2010年10月15日　　1版1刷
2024年10月22日　　　　5刷

著　者　デイビッド・セイン
発行者　中川ヒロミ
発　行　**株式会社日経BP**
　　　　日本経済新聞出版

発　売　**株式会社日経BPマーケティング**
　　　　〒105-8308　東京都港区虎ノ門4-3-12

印刷・製本　大日本印刷株式会社
Ⓒ A to Z Ltd. 2010
ISBN978-4-532-11226-4
Printed in Japan

本書の無断複写・複製（コピー等）は著作権法上の例外を除き、禁じられています。
購入者以外の第三者による電子データ化および電子書籍化は、私的使用を含め一切認められておりません。
本書籍に関するお問い合わせ、ご連絡は下記にて承ります。
https://nkbp.jp/booksQA